폭넓은 독서와 깊은 사색, 예리한 시각과 섬세한 감성, 단단한 의지와 말랑말랑한 표현력 등 좋은 저자의 조건을 두루 갖춘 조명신 목사님의 책 출간을 축하합니다. 쉽게 읽히지만, 쉽지 않게 쓰인 책입니다. 세 아들의 아빠로서, 빡빡한 사역을 소화해야 하는 목회자로서 여간한 의지가 아니면 할 수 없는 일을 해냈습니다. 그런 만큼 농축된 지혜가 있습니다. 우리 시대 신앙의 최대 과제는 '일상'입니다. 조 목사님의 글은 일상에서 쉽게 지나칠 수 있는 평범한 일들 가운데 반짝이는 보화가 있다는 진리를 되새기게 합니다. 공감 가는 얘기들, 예사롭지 않은 통찰을 많이 만나게 될 것입니다. 저자의 생각을 따라가면서 자신의 일상을 다르게 보는 감수성도 얻게 될 것입니다. 모든 독자가 저자 조명신의 이름을 또렷이 기억하고, 자주 떠올리게 될 것이라 기대합니다.

박영호 포항제일교회 목사, 『우리가 몰랐던 1세기 교회』, 『쾌청 신약』 저자

우리 주변에는 헌신된 목회자가 많고, 유능한 설교자는 넘쳐나고, 뛰어난 학자도 더러 있으며, 탁월한 변증가도 없진 않습니다. 허나 이들 대부분이 위에서 아래를 향해 말합니다. 교회 내부를 향한 말과 글입니다. 흔들리기는커녕 터럭의 의심과 방황도 없었던 듯 크게 외칩니다. 회의와 절망에 빠져 엠마오로 가는 두 제자 곁에서 대화를 주고받았던 예수님과 같은 글쟁이는 찾기 어렵습니다. 차분하게 두런두런 대화하듯이 흔들린 자신의 모습을 나누고, 그래서 나를 이해하고 알아주는구나 하는 공감과 위로를 확연히 느끼게 하는 따뜻한 에세이스트가 여기 있습니다. 그의 등장과 동행을 열렬히 환영합니다.

김기현 로고스교회 목사, 『곤고한 날에는 생각하라』, 『욥, 까닭을 묻다』 저자

목회를 하면서 흔들렸던 때가 있습니다. "믿음이 흔들리고, 관계가 흔들리고, 마음이 흔들리고, 일상이 흔들리고, 사명이 흔들렸던" 때가 있습니다. 지금이라고 해서 흔들림이 없는 건 아닙니다. 우리의 삶과 믿음은 흔들림 없이 앞을 향해 무조건 뛰어가는 게 아니라 흔들림 가운데서 뒤돌아보기도 하며 한 걸음 한 걸음 묵묵히 걸어가는 게 아닐까 생각합니다. 조명신 목사님의 에세이는 우리의 삶과 믿음을 천천히, 그러나 찬찬히 돌아보게 하며, 결코 무너지지 않도록 우리를 응원하시는 하나님의 마음을 품게 합니다. 책을 읽다 보면 저자의 성품과 따뜻함이 고스란히 전달되며, 어느샌가 비록 "흔들려도, 다시, 오늘을 살아가는" 힘이 생겨납니다. 목회하면서 흔들리는 목회자들, 입시로 흔들리는 학생들, 취업으로 흔들리는 청년들, 괜찮지 않은데 괜찮은 척하고 있는 모든 이에게 일독을 권합니다. "하나님의 시선으로" 우리의 삶과 믿음을 '다시보기' 하며 오늘도 우리를 든든히 붙잡고 계시는 하나님의 따뜻한 사랑을 경험하게 될 것입니다.

김관성 낮은담교회 목사, 『본질이 이긴다』, 『목회 멘토링』 저자

제목에 끌려 읽었고, 읽다가 반했습니다. 삶을 지혜롭게 사는 법에 대한 책은 무수히 많지만 이 책은 돋보입니다. 살다 보면 예고 없이 찾아오는 일이 있습니다. 몸이 아프거나 사고가 나거나 일이 꼬이거나. 누구나 짜증을 낼 법한데 그게 이야기가 되어 우리를 위로합니다. 에세이를 읽으면서 알게 되었습니다. 흔들리는 오늘이 소중하다는 걸, 그리고 그런 경험을 해봐야 흔들리는 누군가를 도울 수 있다는 걸. 먹고사는 일에 바빠 신앙이 흔들리고 있다면 이 책을 꼭 읽어 보길 바랍니다. 평범한 일상을 새롭게 바라보고, 그곳에서 나와 함께하시는 하나님을 만나게 될 것입니다.

이정일 목사, 문학연구공간 '상상' 대표, 『문학은 어떻게 신앙을 더 깊게 만드는가』, 『나는 문학의 숲에서 하나님을 만난다』 저자

은연중에 '신실한 그리스도인은 흔들림이 없어야 한다'고 배웠습니다. 요동하지 않는 것이 어른의 특징이고 성숙한 모습이라 배운 것 같기도 합니다. 그래서 흔들리지 않으려고, 흔들리는 모습을 보이지 않으려고 노력했습니다. 그러나 '흔들리지 않는 인생'이란 불가능했습니다. 믿음도 관계도 마음도 일상도 끊임없이 흔들렸습니다. 신앙의 성숙은 흔들리지 않는 것이 아니라 흔들리는 가운데서도 '중심을 잃어버리지 않는 데 있다'는 것을 조금씩 알아가는 중입니다. 저자는 '들어가는 말'에서 "이 책이 매일 흔들리지만, 그럼에도 괜찮은 그리스도인으로 살고 싶은 독자들에게도 버팀목이 되어준다면 좋겠다"고 밝힙니다. 저는 이 짧은 문장에 눈이 머뭅니다. '괜찮은'이라는 수식은 무엇에 해당할까요? '흔들려도' 괜찮다는 의미일까요? '괜찮은' 그리스도인이라는 의미일까요? 저는 둘 다를 수식하고 있다고 생각합니다. 흔들려도 괜찮습니다. 그래도 우리는 괜찮은 그리스도인일 수 있습니다. 그러려면 견고한 버팀목이 있어야 합니다. 저자가 들려주고 싶은 버팀목에 관해서는 책을 읽으며 발견하길 바랍니다. 답을 알고 에세이를 읽는 건 바른 에세이 읽기가 아닌 까닭입니다.
조영민 나눔교회 목사, 『교회를 사랑합니다』, 『하나님을 선택한 구약의 사람들』 저자

큰 욕심 부리지 않고 그저 소박한 삶을 꿈꾸는 이들이 많습니다. 그러나 우리가 걷는 삶과 신앙의 여정은 매일이 그런 평범함보다는 좌충우돌에 더 가깝습니다. 조명신 목사님의 첫 에세이집에 남다른 기대를 갖는 이유는 다른 행성 이야기 같은 비범한 서사가 아니라 마치 내 모습 같은 보통의 사연들이 공감을 자아내기 때문입니다. 믿음, 관계, 마음, 일상, 사명, 이렇듯 세찬 바람 앞에 서 있는 독자들의 자리를 하늘의 시선으로 보게 만드는 통찰이 돋보이고, 굳이 힘주지 않아도 잔잔하게 읽히는 대중적인 글맛이 참으로 빛나는 책입니다. 확언하건대 저자의 묵상을 따라가다 보면 지난 흔들림이 남긴 자국들이 사실 믿음의 궤적이었음을 새롭게 발견하게 될 것입니다.
장일 팔로우교회 목사, 『결핍의 위로』 저자

흔들려도, 다시, 오늘

흔들려도, 다시, 오늘

초판 1쇄 발행 • 2022년 12월 15일
초판 2쇄 발행 • 2023년 1월 3일

지은이 • 조명신
삽화 • miniwide/shutterstock.com
펴낸이 • 신은철
펴낸곳 • 좋은씨앗
출판등록 • 제4-385호(1999. 12. 21)
주소 • 서울시 서초구 바우뫼로 156, 402호
영업부 • TEL (02)2057-3041 FAX (02)2057-3042
대표메일 • good-seed21@hanmail.net
페이스북 • facebook.com/goodseedbook

ISBN 978-89-5874-379-8 03190

ⓒ 조명신 2022

이 책의 저작권은 저자 및 저자와 독점계약한 도서출판 좋은씨앗에 있습니다.
저작권법에 의하여 보호받는 저작물이므로 무단 전재와 무단 복제를 금합니다.

흔들려도, 다시, 오늘

조명신 에세이

좋은씨앗

흔들려도,
다시,
오늘을
살아가는
그리스도인에게

차례

들어가는 말 · 12

1
믿음이 흔들리는 그리스도인에게 · 15

다행인 줄 아세요 · 17
어른이 된다는 건 · 22
하나님 사전에 없는 것 · 26
실망이 꼭 불신은 아니다 · 30
그만 재고, 그냥 해 · 36
다시 일어나는 힘 · 41
내 마음이 광야 같을 때 · 46
알았다면 그렇게 기도했겠나? · 50
어슬렁거리는 진짜 이유 · 56
그냥 남겨 두는 것도 믿음이다 · 60
운명은 한끗 차이 · 64

2
관계가 흔들리는 그리스도인에게 · 69

감정 쓰레기 배출 방법 · 71
MBTI 가라사대 · 76
작은 그늘이라도 괜찮아 · 81
경청은 마음 기울이기 · 86
지금은 공사 중입니다만 · 90
나를 위해 싸워 준다는 것 · 94
헤아려 주는 일 · 100
왜 우리는 칭찬에 인색할까? · 105
의외로 괜찮은 사람이 되고 싶다 · 110
뒤통수 콤플렉스 · 115
넌 나에게 모욕감을 주었어 · 119

3 |
마음이 흔들리는
그리스도인에게 · 125

엉뚱하고도 기발한 방식 · 127
이대로 살 자신이 없었다 · 131
기꺼이 내어 준 어깨 덕분에 · 137
유혹 앞에선 비굴해도 괜찮아 · 143
쪽팔릴 줄 알아야 그리스도인이다 · 149
두려움은 두려움을 먹고 자란다 · 154
신앙에 천재는 없다 · 158
그래도 마이쮸는 먹고 싶어 · 163
사랑은 한 수 접어 주는 일 · 168

4 |
일상이 흔들리는
그리스도인에게 · 173

실은 하나님께로 향한 길이었다 · 175
기억 보관소 · 180
경험하지 않고는 알 수 없는 영역 · 186
힘겨운 시절은 책갈피처럼 · 191
배려의 농도 · 196
고인물 조심 · 200
보통의 평범한 그리스도인 · 205

5 |
사명이 흔들리는 그리스도인에게 · 209

셀프 학대는 그만 · 211
등짝 스매싱은 사랑이라 · 215
알고 보니 진짜 탕자 · 220
일에 삼켜지지 않으려면 · 224
잘 아는 사이, 그냥 아는 사이 · 228
복기하기에 좋은 날 · 233
닦고 조이고 기름 치자 · 237

들어가는 말

한때 나만 빼고 다들 멀쩡한 것처럼 보였다. 모두 얼굴에는 미소가 가득했고, 날마다 은혜 속에서 사는 것 같았다. 그런데 개인적으로 만나 속마음을 나눌 때면, 대부분 저마다의 문제로 흔들리고 있었다. 우리는 누군가 조금만 흔들리면, '믿음 없음과 믿음 약함'으로 단정짓는 경향이 있다. 이런 분위기 속에서 흔들리는 모습을 보였다간, 믿음 없는 사람으로 낙인찍히기 쉽다. 그래서 많은 그리스도인이 믿음을 의심받거나 정죄를 받기보다 차라리 괜찮은 척하며 사는 건지도 모른다.

그동안 수없이 다양한 사람을 만나면서 한 가지 사실을

발견했다. 겉으로 괜찮은 사람은 많았어도 진짜 괜찮은 사람은 그리 많지 않았다는 걸 말이다.

"무사태평해 보이는 사람들도 마음속 밑바닥을 두드려 보면 어딘가 모르게 모두 슬픈 소리가 난다."

나쓰메 소세키의 소설 『나는 고양이로소이다』에 나오는 말이다. 예수님을 믿는다고 해서 하루아침에 걱정 근심이 사라지고, 확신과 담대함 속에서 사는 건 아니다. 그래서일까? 그리스도인도 마음속 어딘가를 두드려 보면, 왠지 모르게 슬프고 아픈 구석이 있는 것 같다. 우리는 한 번도 살아본 적 없는 오늘을 살아야 한다. 이 말은 예수님을 주님으로 믿어도, 세상 사람들처럼 두렵고 떨리기는 마찬가지라는 뜻이다. 그러나 양 같은 우리에게는 선한 목자 되신 예수님이 계신다. 이것이 우리가 흔들려도, 다시, 오늘을 그리스도인으로 살아갈 수 있는 이유가 아닐까 싶다.

이 책에는 내가 우여곡절 끝에 예수님을 믿고 목회자로 살기까지 그동안 흔들렸던 많은 순간이 담겨 있다. 처음에는 그냥 버리기 아깝고 억울해서 틈틈이 글로 다듬어 옮겼는데, 지금은 참 잘했다는 생각이 든다. 하나님의 시선으로 '다시보기' 했던 순간들이, 어느새 내 삶의 든든한 버팀목이 되어 있었기 때문이다. 이 책이 매일 흔들리지만, 그럼에도 괜찮은 그리스도인으로 살고 싶은 독자들에게도 버팀목이 되어 준다면 좋겠다.

늘 격려하고 응원해 주신 포항제일교회 박영호 목사님에게, 마음 따뜻한 동료 목회자들에게, 언제나 어머니처럼 품어 주시는 성도들에게 감사의 마음을 전한다. 예수님 다음으로 나를 사랑해 주는 아내 이주영과 양가 부모님, 복음으로 나를 낳고 길러 주신 박경일 간사님과 이지명 간사님에게도 깊이 감사드린다.

01

**믿음이 흔들리는
그리스도인에게**

평범한 일상을 새롭게 바라보며
그곳에서 나와 함께하시는 하나님을 발견할 때,
믿음은 비로소 단단해진다.

다행인 줄 아세요

각인은 각성을 낳는다

누구에게나 마음속 깊이 새겨진 순간이 있다. 나는 이것을 '각인된 순간'이라 부른다. 충격적일수록 더 깊이 새겨지게 마련이다. 무언가 잊히지 않는다면 그만큼 충격이 컸다는 뜻이다. 각인된 순간은 종종 각성으로 이어지는데, 내게는 2013년 1월 14일 새벽이 그런 날이었다. 새벽기도를 마치고 한파로 얼어붙은 자유로를 달리고 있었다. 동이 틀 무렵, 앞차가 다짜고짜 급브레이크를 밟고 서 버렸다. 나도 브레이크를 밟았건만, 차는 야속하게도 얼어붙은 도로 위를 계속해서 미끄러져 나갔다.

"어, 어, 어…."

끼이익, 쾅! 순식간에 4중 연쇄 추돌사고가 났다. 생애 첫 교통사고가 연쇄 추돌사고일 줄은 꿈에도 몰랐다. 충격으로 몸이 떨렸다. 겨우 진정하고 내려 보니 차 전면이 움푹 패여 있었다. 불행 중 다행으로 나를 비롯해 크게 다친 운전자는 없었다. 목덜미를 잡고 차에서 내린 운전자들이 한군데로 모이기 시작했다. 모두의 관심은 맨 앞의 운전자가 왜 갑자기 브레이크를 밟았는가로 쏠렸다. 유력한 용의자로 꼽힌 맨 앞의 운전자는 억울한 표정을 지으며 말했다.

"저도 앞차가 급브레이크를 밟는 바람에 어쩔 수 없이 브레이크를 밟았을 뿐입니다."

4중 연쇄 추돌의 원인을 제공한 차는 이미 사라진 뒤였다. 결국 우리는 영하 10도의 자유로 한복판에서 보험사 직원이 올 때까지 오돌오돌 떨 수밖에 없었다.

다행인 줄 아세요

크게 다치지 않았다는 안도감이 들자 슬슬 원망과 불평이 고개를 들기 시작했다. 공교롭게도 그날은 새로 부임한 교회의 사택으로 이사하는 날이었다.

'왜 하필 나에게 이런 일이….'

이 말이 꼬리에 꼬리를 물고 머릿속을 맴돌았다. 칼바람 속에서 언 발을 동동거리고 있는데, 누가 신고를 했는지 보험사 직원보다 경찰이 먼저 도착했다. 사고 경위를 파악한 경찰은 불만 어린 표정을 한 우리에게 하나님의 음성을 들려주었다.

"다행인 줄 아세요. 자유로에서 연쇄 추돌사고가 나면 최하가 중상이에요. 지금까지 자유로에서 사고 나는 걸 많이 봤어도, 당신들처럼 두 다리 멀쩡해서 나간 사람은 본 적이 없어요."

그 말을 듣는데 뒤통수를 망치로 맞은 것처럼 정신이 번쩍 들었다. 원망과 불평이 웬 말인가 싶었다. 연거푸 감사가 터져 나왔다.

"하나님, 살려 주셔서 감사합니다. 두 다리 멀쩡하게 해 주셔서 감사합니다. 감사합니다, 하나님 아버지!"

각성하자 눈 깜짝할 사이에 불평이 감사가 되었다. 사고 현장을 바라보는 눈도 달라졌다. 내가 원망하고 불평하기만 했던 사고 현장이 알고 보니 기적의 현장이었다. 사고를 수습하고 집으로 돌아오는 내내 회개와 더불어 감사가 터져 나왔다. 집에 들어가 아내와 이제 막 걸음마를 시작한 아들을 보니 눈물이 핑 돌았다. 아침에 멀쩡하게 나간 그대로, 다시 멀쩡하게 집으로 들어오는 것도 기적일 수 있구나 싶었다. 그때 알았다. 기적이 일상이라는 이름으로 매일 반복되다 보면 귀한 줄도 모를 수 있다는 것을….

거창한 일만 기적이 되는 건 아니다

하나님은 야곱을 통해 그냥 평범하게 보이는 일도 기적일 수 있음을 보여주셨다. 야곱이 형 에서를 피해 외삼촌 라반의 집으로 도망칠 때였다. 하루는 야곱이 돌을 가져다 베개로 삼고 잠든 곳에서 하나님을 만난다. 나 혼자 덩그러니 떨어졌다고 생각한 곳에서 뜻밖에 하나님을 만난 것이다. 그제야 야곱이 '여기 나와 함께하시는 하나님'에 눈을 뜬다.

이 본문을 묵상하는데, 오래전 자유로에서 겪었던 4중 연쇄 추돌사고가 떠올랐다.

'아, 하나님께서 그 현장에 나와 함께하셨구나!'

생각이 여기에 미치자 내 생애 최악의 날이 최고의 날이 되었고, 자유로가 벧엘이 되었다. 거창한 일만 기적이 되는 건 아니다. 압도적이어야 기적이 되는 것도 아니다. 하나님께서 나와 함께하심에 눈뜨는 것도 기적이다. 평범한 일상을 새롭게 바라보며 그곳에서 나와 함께하시는 하나님을 발견할 때, 믿음은 비로소 단단해진다. 나는 그걸 자유로에서 배웠다.

야곱이 잠이 깨어 이르되 여호와께서 과연 여기 계시거늘 내가 알지 못하였도다. _창세기 28:16

어른이 된다는 건

어른이 되기 위한 일련의 과정

아들 셋을 키울 때 유독 힘든 시기가 있었다. 녀석들이 "내 사전에 불가능은 없다"는 불굴의 정신으로 무한 도전할 때, 그때가 제일 힘들었다. 연거푸 "안 돼"라고 경고해도 잠시뿐, 오뚝이처럼 다시 일어나 달려들 땐 진땀을 흘려야 했다. 언제 어디에서 사건 사고가 터질지 모르는 불안 때문에 피로도 갑절로 쌓였다. 아이들에게 실패는 세상에 없는 단어처럼 보였다. 그때 걸음마가 끝없는 도전 정신과 모든 걸 할 수 있을 것 같은 전능감의 산물이라는 것을 알았다.

아이들은 성장하면서 실패와 좌절을 맛본다. 그 과정에

서 해야 할 일과 하지 말아야 할 일에 대한 감각을 익힌다. 어른이 되기 위한 일련의 과정인 셈이다. 한때 어른 하면 무언가를 이루고 해내는 사람으로 생각한 적이 있었다. 그런 모습이야말로 어른다운 모습이라고 철석같이 믿었다. 그런데 막상 어른이 되고 보니, 이루고 해내는 것 못지않게 실패하고 좌절하는 건 아이나 어른이나 거기서 거기였다.

굴욕감 없이 한계를 인정하는 일

뇌과학자 정재승 교수는 "어른이 된다는 건 내 마음대로 사람을, 세상을 통제할 수 없다는 걸 무기력감 없이 인정하고 받아들이는 과정"이라고 정의했다.

나는 어른에 대한 정의 가운데 이 말을 가장 좋아한다. 지금까지는 어른이 된다는 걸 더 많이 성취하는 쪽으로만 생각했지, 내 마음과 뜻대로 안 되는 쪽으로는 감히 생각하지 못했다. 아이들은 하루빨리 어른이 되기를 꿈꾼다. 어른만 되면 원하는 일, 꿈꾸는 일을 다 이룰 수 있다고 생각하기 때문이다. 그중에는 꿈을 현실로 만드는 아이들도 많다. 그러나 현실의 벽 앞에서 쓴맛을 보며 좌절하는 아이들은 더 많다. 그동안 세상은 끊임없이 도전하는 정신을 어른다

움의 한 축으로 삼았다. 반면 자신의 한계를 인정하고 받아들이는 것은 어른답지 않은 모습으로 간주했다. 하지만 무기력감이나 굴욕감 없이 자신의 한계를 인정하고 받아들이는 것은 어른이 아니고는 발휘할 수 없는 용기다.

그리스도인들이 가장 좋아하는 말씀 가운데 빌립보서 4장 13절이 있다. "내게 능력 주시는 자 안에서 내가 모든 것을 할 수 있느니라." 많은 사람이 앞뒤 문맥을 무시하고 "모든 것을 할 수 있느니라"는 구절에 꽂혀서 이 말씀을 좋아한다. 그런데 이것은 하나님의 능력으로 전능해진다는 의미가 아니다. 비천에 처하든 풍부에 처하든 개의치 않고, 자족할 수 있는 일체의 비결을 배웠다는 의미에서 바울이 한 말이다. 그렇다. 그리스도 안에서 굴욕감이나 무기력감 없이, 자신의 환경과 처지를 인정하고 받아들일 줄 아는 의연함도 믿음의 한 영역이다.

딱 떨어지지 않는 신앙 공식

처음 신앙생활을 할 때는 '순종=형통, 헌신=축복, 기도=응답'이라는 딱 떨어지는 공식에 사로잡히기 쉽다. 영적으로 어릴 때는 이런 기본 공식에 따라 신앙생활을 하는 것도 좋다. 믿음으로 기대하는 가운데 순종과 헌신과 기도를 배우고 익힐 수 있기 때문이다. 문제는 한 번씩 '순종≠형통, 헌신≠축복, 기도≠응답'이라는 결과와 마주해야 한다는 것이다. 이때 우리의 믿음이 가장 많이 흔들린다. 세상을 살아갈 때 불변하는 하나의 공식이란 존재하지 않는다.

"예측 가능한 하나님, 내 예상대로 움직이는 하나님은 애당초 하나님이 아닐 것이다."

김기현 목사가 『욥, 까닭을 묻다』(두란노, 2022)에서 한 말이다. 우리 역시 아무리 순종하고 헌신하며 기도한다고 해도 하나님을 내 마음대로 움직일 수 없다는 사실을 인정하고 받아들일 필요가 있다. 무기력감이나 굴욕감 없이 말이다. 그래서 내 마음과 뜻대로 되는 게 없어도 이전보다 덜 실망하고 덜 무기력하다면, 나름 그리스도인으로 잘살고 있는 것이라고 생각한다.

나는 비천에 처할 줄도 알고 풍부에 처할 줄도 알아 모든 일 곧 배부름과 배고픔과 풍부와 궁핍에도 처할 줄 아는 일체의 비결을 배웠노라. 내게 능력 주시는 자 안에서 내가 모든 것을 할 수 있느니라. _빌립보서 4:12-13

하나님 사전에 없는 것

끝까지 붙들고 있다간 죽는다

제티슨(jettison), 비행기나 선박이 위기에 처했을 때 무게를 가볍게 하려고 짐을 내던지는 행위를 말한다. 비행기가 폭발의 위험을 막기 위해 공중에 연료를 버리는 것도, 배가 침몰을 막기 위해 바다에 짐을 버리는 것도 모두 제티슨이다. 특히 배 같은 경우에는 처음부터 아무거나 버리지 않는다. 버리는 데도 기준이 있다. '가장 무거운 것, 무가치한 것, 없어도 되는 것'을 골라서 바다에 던진다.

제티슨에는 살려면 버려야 한다는 진리가 담겨 있다. 그동안 우리는 살기 위해선 무언가를 움켜쥐어야 한다고 배웠다. 매일 밤낮으로 일하는 것도 무언가를 얻기 위한 노력의 일환이다. 그런데 목숨이 경각에 달린 상황이라면? 일단 버려야 한다. 평안한 때에는 살기 위해 움켜쥐고 채워야 했다면, 위급한 때에는 살기 위해 버리고 내던져야 한다. 끝까지 붙들고 있다간 죽는다.

제티슨이라는 말을 접했을 때, 구약과 신약의 장면이 하나씩 떠올랐다. 구약의 제티슨은 요나서에 나온다. 요나는 하나님의 얼굴을 피해 저 멀리 도망치려고 다시스행 배에 오른다. 모든 일이 술술 풀리는가 싶었는데, 갑자기 큰 폭풍이 일어나 배가 거의 깨어지는 위기에 처한다. 이때 사공들이 배를 가볍게 하려고 물건을 바다에 던지는데, 이것이 바로 제티슨이다. 신약의 제티슨은 사도행전에 나온다. 바울이 배를 타고 로마로 압송되는 중에 유라굴로라는 광풍을 만난다. 선원들은 목숨을 부지하려고 짐을 바다에 풀어 버린다. 이마저도 여의치 않자 사흘째 되는 날에는 배의 기구까지 내다 버린다. 바로 제티슨이다.

구조조정 대상 1순위

목숨을 부지하기 위해 그 외 기타 등등의 짐들을 버리는 건

마땅한 일이다. 문제는 사람조차 값을 매기는 세상에서 짐 대신 사람부터 내다 버린다는 데 있다. '나만 아니면 돼' 하는 심보로 가치가 떨어진다고 생각되는 사람들을 가차없이 내던진다. 오늘날 기업에서 구조조정을 할 때도 그렇다. 생존을 위해 다 같이 허리띠를 졸라매야 하는 것은 두말하면 잔소리다. 안 그러면 모두가 함께 망한다. 그렇지만 언제나 구조조정 대상 1순위가 힘없는 사람들이라는 건 다시 생각해 볼 문제다. '덜 이익이 되는 사람들, 효율이 떨어지는 사람들, 덜 효과적인 사람들'부터 세상이라는 바다에 버려지기 때문이다.

헌신짝처럼 버려지는 일은 없다

왜 짐을 줄이거나 정리하기보다 사람부터 내다 버릴 생각을 하는 걸까? 인건비 절감만큼 비용을 확실하고 손쉽게 줄일 수 있는 방법도 없기 때문이다. 구조조정이 누군가에게는 살생부라는 건 생각하지 않는다. 그래서 나중에 자신도 버려질 수 있다는 걸 모른다.

찬송가 〈내 진정 사모하는〉의 2절 후반부에 이런 가사가 나온다.

"온 세상 날 버려도 주 예수 안 버려 끝까지 나를 돌아보시니…."

쉽게 버려지는 세상에서 누군가 나를 포기하지 않는다는 건 그야말로 복음이다. 그것도 끝까지 말이다. 하나님의 나라에서는 누구도 짐처럼 버려지지 않는다. 물론 그 나라에서는 구조조정도, 효율을 따지는 일도 없다. 일의 성과에 따라 가치를 매기지도 않는다. 모두가 예수 그리스도의 피 값이라는 가치를 동일하게 지닐 뿐이다. 자녀를 값으로 매기거나 돈으로 환산하는 일은 있을 수 없다. 자녀이기에 그 사실만으로 존귀하다. 하나님의 자녀 된 우리가 바로 그런 존재다. 안심이다. 헌신한 후 헌신짝처럼 버려지는 일은 적어도 '하나님 사전'에는 없으니 말이다.

유월절 전에 예수께서 자기가 세상을 떠나 아버지께로 돌아가실 때가 이른 줄 아시고 세상에 있는 자기 사람들을 사랑하시되 끝까지 사랑하시니라. _요한복음 13:1

실망이 꼭 불신은 아니다

실망과 절망 속에서 단단해지는 믿음

이 세상에 하나님께 실망해 보지 않은 사람이 있을까? 우리는 계획이 조금만 틀어져도 전부 하나님 탓인 양 따지고 든다. 그때만큼 하나님이 야속한 순간도 없다. 믿음이 실망과 절망이라는 터에서 좀 더 단단하게 빚어진다는 걸 우리는 좀처럼 인정하지 않는다. 오로지 성공과 승리만 믿음의 자양분이라고 생각한다.

한때 하나님께 오롯이 순종하면 시온의 대로가 8차선 도로로 펼쳐질 줄 알았다. 그런 기대는 일반대를 졸업하고 신학대학원에 들어갈 무렵 산산조각나 버렸다. 아들이 느닷없이 신학대학원에 간다고 했을 때, 부모님뿐만 아니라 우리 집 형편을 아는 일가친척까지 모두 반대하고 나섰다. 이런 상황에서 신학대학원에 떨어지면, 반대가 더욱 거세질 것은 안 봐도 뻔한 일이었다. 내게는 다른 선택지가 없었다. 한번에 신학대학원 입시에 합격하는 수밖에….

보증이라는 태풍

그때쯤 우리 집을 향해 태풍이 서서히 북상하고 있었다. 태풍마다 이름을 붙이던데, 나는 이 태풍에 '보증'이라는 이름을 붙여 주었다. 어머니가 보증을 서신 일이 잘못된 것이다. 졸지에 우리 집은 바람 앞에 등불과 다름없는 신세가 되었다. 언제나 그렇듯이 보증은 남편이나 아내 모르게 선다. 그래서 보증을 선 일이 잘못되면 부부싸움이 크게 나거나 심하게는 집이 풍비박산 난다. 우리 집도 예외는 아니어서 아버지와 어머니는 연일 보증 문제로 언성을 높이며 다투셨다.

거실에서 다투는 소리가 들려올 때마다 자식으로서 아무것도 해드릴 수 없다는 무력감에 시달렸다. 이불 속에서 숨죽여 울기도 많이 울었다. 상황이 불리하게 돌아가자 '내

믿음이 실망과 절망이라는 터에서
좀 더 단단하게 빚어진다는 걸
우리는 좀처럼 인정하지 않는다.

가 목회자의 길을 가는 게 맞을까?' 하는 의심이 들었다.

그때마다 내가 할 수 있는 건 기도밖에 없었다. 하나님께서 내게 주신 말씀을 붙들고 말이다. 전적으로 무력한 상태에서 내가 할 수 있는 최선은 기도였다. 그때 말씀을 방패 삼지 않고 기도의 줄을 붙잡지 않았다면 어떻게 되었을까? 보증이라는 태풍에 믿음도 소명도 다 날아가 버렸을지 모른다. 아무튼 나는 태풍과 함께 입시 준비를 했고, 감사하게도 그해 신학대학원에 합격할 수 있었다. 물론 보증이라는 태풍도 나와 함께 입학했다.

하루는 학교에 가려고 아침 일찍 집을 나서는데, 우리집 202호 우편함이 눈에 들어왔다. 아니나 다를까, 우편함은 법원을 비롯해 각종 사채업자들이 보낸 우편물로 가득했다. 아버지는 그런 우편물을 볼 때마다 분통을 터트리셨기에 나는 얼른 우편물을 가방에 넣었다. 학교에 도착하자마자 기도실로 뛰어 올라갔다. 그리고 가방에서 우편물을 꺼내 작은 책상 위에 펼쳐 놓고 기도했다.

"하나님, 이제 어쩌실 겁니까? 이것 좀 보세요. 이 편지들이 '네가 그러고도 자식이냐?'라고 조롱하는 것 같아 힘들어 죽겠습니다. 제발 좀 도와주세요."

우편물을 꺼내 놓고 기도한 것은 히스기야 왕이 생각났

기 때문이다(왕하 19:14). 하나님께서 히스기야 왕의 기도에 신속하게 응답해 주셨던 것처럼 내게도 신속 정확하게 응답해 주셨더라면 얼마나 좋았을까? 그런 기적은 일어나지 않았다. 그 후로도 보증이라는 태풍은 우리 집을 떠나지 않고 여기저기를 휩쓸고 다녔다. 발생한 지 1년이 다 되어서야 물러갔는데 휩쓸고 다닌 자리마다 몸과 마음에 생채기가 남았다. 그런데 생각지 못한 일이 일어났다. 부모님이 예수님을 믿게 된 것이다. 아버지는 평생 피워 온 담배까지 끊으셨다.

실망이 꼭 불신은 아니다

우리는 기도 응답을, 내가 기대한 대로 이루어지는 것으로 생각한다. 하지만 많은 경우 기도 응답은 우리의 기대대로 이루어지지 않는다. 오히려 전혀 기대하지 않은 과정과 방법으로 이루어질 때가 많다. 기도 방식은 우리가 선택해도 기도 응답은 전적으로 하나님께 달려 있다. 기도 응답이 예상을 벗어날 때가 많은 것은 이 때문이다.

예수님을 믿은 후로 부모님의 구원을 놓고 기도했다. 그렇지만 기도 응답이 보증이라는 문제를 통해 이루어질 거라고는 예상하지 못했다. 아무래도 하나님 보시기에 보증보다 부모님의 구원이 더 시급한 문제였던 모양이다. 하나님께서 기도에 응답하지 않고 뜻을 들이실 때마다 얼마나 서운했는지 모른다. 실망도 많이 했다. 하지만 이제 조금은 알 것 같다. 실망한 자리에서 믿음이라는 꽃이 좀 더 올곧게 피어난다는 걸…. 그렇기에 실망이 꼭 불신은 아니다. 단단한 믿음으로 연결해 주는 이음쇠가 되기도 하니까.

우리 가운데서 역사하시는 능력대로 우리가 구하거나 생각하는 모든 것에 더 넘치도록 능히 하실 이에게. _에베소서 3:20

그만 재고, 그냥 해

밑져야 본전이다

초등학교 2학년인 둘째 아들이 아침부터 부산스럽다. 왜 그런지 봤더니 학교에서 나눠 준 재료로 나비 인형을 만들고 있었다. 예쁜 나비 인형을 만들고 마지막으로 더듬이만 붙이면 완성인 것 같았다. 그런데 이리 봐도 저리 봐도 더듬이가 보이지 않았다. 둘째는 연신 "더듬이를 잃어버렸나 봐" 하며 난감한 표정을 지었다. 그러자 일곱 살배기 셋째가 천진난만하게 말했다.

"형아, 선생님께 더듬이 잃어버렸다 하고 다시 달라고 하면 되잖아."

둘째는 동생의 말이 세상 물정 모르는 소리로 들렸는지, 선생님이 다시 안 주실 거라며 모르면 가만히 있으라고 쏘아붙였다.

이 모습을 지켜보면서 오래전에 아내에게 들었던 소소한 이야기 하나가 생각났다. 아내는 한 자매와 카페에서 교제를 나누고 나오던 참이었다. 그 자매는 예쁜 컵을 하나 사 들고 나왔는데, 상자 안의 컵을 확인하려고 꺼내다가 그만 바닥에 떨어뜨리고 말았다. 자매는 잠시 당황한 표정을 짓더니 이내 침착하게 깨진 컵을 가지고 계산대로 갔다. 그리고 세상 불쌍한 표정으로 점원에게 말했다.

"죄송한데요, 제가 이 컵을 꺼내다가 떨어뜨렸는데 어떻게 안 될까요?"

아내는 개인의 과실로 파손된 컵을 카페에서 교환해 줄 리 없다고 생각했다. 그런데 놀랍게도 그 자매는 새 컵으로 교환을 받았다. 그 이야기는 내 사고방식에 작은 지각 변동을 일으켰다. 돈 드는 거 아니면 '그냥 해 보는 것'도 괜찮다는 생각을 하게 된 것이다.

만약 둘째가 동생의 말을 듣고, 선생님에게 더듬이를 달라는 말이라도 해 봤다면 어떻게 되었을까? 결과는 나도 모른다. 말하지 않으면 더듬이를 못 받는 건 100퍼센트 확실하다. 말이라도 해 본다면? 받을 수도 있고 못 받을 수도 있으므로 확률은 50퍼센트가 된다. 한마디로 밑져야 본전인 셈이다.

믿음은 '저스트 두 잇'

세상에는 가능한 일도 있고 불가능한 일도 있다. 누가 봐도 명확하게 구분되는 이 범위를 우리는 상식이라고 부른다. 상식은 다수가 그렇다고 믿는 공통된 생각이다. 상식을 공유하기 때문에 서로를 배려하고 이해하는 가운데 질서를 유지할 수 있다. 때로는 상식이 시도와 도전을 가로막고 저지하는 역할을 하기도 한다. '에이, 안 될 거야. 안 될 게 뻔해'라는 생각을 집어넣어 미리 포기하는 게 낫다고 종용한다. 왜 우리는 포기하는 것일까? 상식 밖의 사람, 어리석은 사람으로 비치는 것이 두렵기 때문이다.

우리는 죄를 지을 때는 과감하면서도, 정작 선을 행할 때는 그렇게 신중하고 침착할 수 없다. 가끔 망설일 때마다 한 스포츠 브랜드의 캐치프레이즈를 떠올려 본다.

"저스트 두 잇!"(Just Do It, 그냥 해)

어떤 점에서는 믿음도 '저스트 두 잇'이 아닐까? 성경을 보면 '저스트 두 잇' 한 사건으로 가득하다. 몇 명의 여인들이 예수님의 시신이 안치된 무덤으로 달려간 일도 그랬다. 여인들은 가면서도 "누가 우리를 위하여 무덤 문에서 돌을 굴려 주리요"(막 16:3)라며 걱정했다. 예수님의 시신이 안치된 무덤 입구는 큰 돌로 막혀 있는 데다가 로마 군인들이 지키고 서 있었다. 그곳에 가도 별수 없다는 건 기정사실이었다. 여인들은 무덤으로 달려가고 있었지만 누가 돌을 굴려줄지는 알지 못했다. 몰랐지만 그냥 '저스트 두 잇' 한 것이다. 얼마나 바보 같고 무모한 일인가? 그런데 제자들이 아닌 상식 밖의 행동을 감행한 여인들이 예수님의 부활을 최초로 목격한 자들이 되었다. 당시 천대받던 여인들이 말이다.

그만 재고, 그냥 해

우리는 '설마 되겠어?' 하는 마음과 '혹시 모르잖아?' 하는 마음 사이에서 갈등한다. 선택하는 데 시간이 오래 걸리는 이유는 어떻게 해서라도 덜 후회하고 싶기 때문이다. 완벽한 결과를 기대할수록 첫발을 내딛기는 더 어렵다. '설마 되겠어?'라는 생각도 언제나 새로운 시도 앞에서 우리를 눌러앉힌다.

    나 또한 그렇게 눌러앉아 있다가 어느 날 '혹시 모르잖아?' 하는 생각으로 용기를 냈다. 전공과 상관없는 글쓰기에 도전한 것이다. 내게는 평생 잊을 수 없는 '저스트 두 잇'한 사건이었다. 누군가 나의 문학적 재능을 알아보고 격려해서 시작한 일이 아니다. '설마 되겠어?' 하는 생각을 뿌리치고 '저스트 두 잇' 해서 여기까지 왔다.

    지금도 여전히 새로운 일 앞에서는 머뭇거리고, 결과가 두려워서 움츠러들기도 한다. 그럴 때면 예수님께서 내게 하시는 말씀이라 생각하고 되뇐다.

    "저스트 두 잇! 그만 재고, 그냥 해."

예수께서 이르시되 할 수 있거든이 무슨 말이냐 믿는 자에게는 능히 하지 못할 일이 없느니라 하시니. _마가복음 9:23

다시 일어나는 힘

무명의 전설

어느 분야에서 전설로 불린다는 건 영광스러운 일이다. 왜 그런지는 몰라도, '전설' 하면 영원히 죽지 않는다는 불사조가 떠오른다. 전설이 된 이들은 살아서는 감동을 주고 죽어서는 울림을 주는 묘한 매력이 있다. 권투에 조예가 있지는 않지만, 우리나라 권투계에서 전설로 통하는 선수 서너 명의 이름 정도는 알고 있다. 홍수환, 장정구, 유명우…. 국내든 해외든 전설은 손에 꼽을 정도로 적다. 그에 반해 '그 외 기타 등등'의 선수는 바닷가의 모래알처럼 많다.

피터 버클리라는 이름을 들었을 때, 굉장히 생소했던 것은 그가 유명인이 아니었기 때문이다. 당연히 그가 권투 선수였다는 사실도 몰랐다. 그는 한 번도 스포트라이트를 받아본 적 없는 무명의 권투 선수였다. 그의 전적을 보고는, 세상이 그에게 무관심했던 이유를 알 수 있었다. 그는 19년 동안 299번이나 싸웠다. 그중에서 31번은 이겼고 256번은 졌다. 나머지 12번은 무승부였다. 그는 2008년 300번째 경기에서 승리를 거두고 은퇴하면서 세상에서 가장 많이 '진' 권투 선수라는 기록을 세웠다.

그의 전적을 봤을 때 '무슨 이런 선수가 다 있나?' 하는 생각이 들었다. 그런데 그의 전적을 '다시보기' 하면서 생각을 '새로고침' 하게 되었다. 그는 무려 20년간 권투 선수로 활동했다. 그리고 누구도 하지 못한 300번의 시합을 치렀다. 그가 거둔 승리는 기껏해야 32번밖에 되지 않았다. 12번의 무승부를 뺀 나머지 256번은 전부 패배였다. 세상의 '승자승 원칙'에 따르면, 그가 기록한 256번의 패배는 명백한 불명예 기록이다. 그런데 정말 그럴까?

패배한 게 아니라 다시 일어난 거야

권투 선수 중에 무패의 전적으로 챔피언 자리에 오르는 슈

퍼맨 같은 선수가 있다. 그런 선수에게도 패배의 날은 오게 마련이다. 무패가도를 달리다가 처음으로 패배를 당한 선수들의 이후 행보는 눈여겨볼 만하다. 다시 일어나지 못하고 은퇴하거나 내리막길을 걷는 경우가 많기 때문이다. 지기를 밥 먹듯이 하는 선수에게 또 한 번의 패배는 충격적이지 않다. 하지만 여태껏 승리만 맛본 선수에게 단 한 번의 패배는 강철 멘탈에 금을 낼 정도로 충격적이다. 받아들일 준비가 안 될수록 패배는 더 쓰리고 고통스러운 법이다.

피터 버클리는 수없이 졌다. 그럼에도 256번 질 때마다 256번 다시 일어났다. 이것은 권투를 사랑하지 않고는 할 수 없는 미친 짓이다. 압도적인 실력을 가진 사람이 감탄을 자아낸다면, 계속해서 다시 일어나는 사람은 감동을 선사한다. 비록 피터 버클리는 감탄을 자아내는 전설은 아니었지만, 감동을 주는 평범한 아니 비범한 선수였다.

다시 일어나야 믿음이다

사람들은 승리하는 일에 익숙하라고, 그것이 강자의 조건이라고 입을 모은다. 그러나 버클리는 승리보다는 패배에 더 익숙했다. 나는 이것을 다르게 해석하고 싶다. 그는 '쓰러진 곳에서 다시 일어나는 일'에 더 익숙했다고 말이다. 그는 자신을 세상에서 가장 많이 진 선수가 아니라 가장 많이 경기한 선수라고 생각했다. 그는 이기려고 권투를 하는 게 아니라 권투가 좋아서 경기한 흔치 않은 선수였다. 적어도 그는 권투에 진심이었다.

믿음의 경주를 할 때, 우리는 절대 넘어지거나 쓰러지면 안 된다고 생각하는 경향이 있다. 그러나 우리가 알고 있는 믿음의 전설들은 한 번도 넘어진 적 없는 비범한 사람들이 아니었다. 다시 일어난 보통 사람들이었다. 그들은 더러는 넘어졌고 더러는 무너졌다. 그럼에도 불구하고 끝끝내 기권하거나 포기하지 않았다.

"나의 세계는 쾅 소리를 내며 무너졌지만, 세계의 재건은 무너진 자리에서 이루어지리라."

홍인혜 작가의 『고르고 고른 말』(미디어창비, 2021)을 읽다가 주운 문장이다. 무너진 곳에서 재건이 이루어진다면, 우리 그리스도인의 재기도 믿음이 무너진 곳에서 이루어진다고 할 수 있지 않을까? 그러려면 무너졌던 곳에서 다시 두 주먹 불끈 쥐고 일어나는 일에 익숙해질 필요가 있다.

승리는 이미 예수님을 통해 우리에게 약속된 일이므로 우리는 다만 일어나 경주에 임하면 된다. 그래서 나는 믿음은 넘어지고 쓰러져도 다시 일어나기를 반복하는 힘, 곧 재기력이라고 생각한다. 무너졌다면, 쓰러졌다면, 딱 그만큼 그 자리에서 다시 일어나면 된다. 믿음은 우리를 마냥 쓰러져 있도록 내버려두지 않는다.

대저 의인은 일곱 번 넘어질지라도 다시 일어나려니와 악인은 재앙으로 말미암아 엎드러지느니라. _잠언 24:16

내 마음이 광야 같을 때

광야에서 들으면 다르다

먹고사는 일에 바쁘다 보면 삶에 경고음이 울려도 좀처럼 감지하지 못한다. 가정에, 관계에, 건강에 적신호가 켜진 줄도 모른다. 그러다가 불시에 인생에 광야가 들이닥치면, 눈이 뜨이고 귀가 열리는 기이한 현상이 일어난다.

요즘 같은 시대에 "젊어서 고생은 사서도 한다"는 말을 하면 꼰대라는 소리를 듣기 십상이다. 하루하루 버티기도 힘든 사람에게 "고생하면 낙이 온다"는 말은 한낱 배부른 소리처럼 들린다. 그래도 고생해 봐야 비로소 깨닫게 되는 것이 많은 건 어쩔 수 없는 사실이다. 같은 소리라도 누가

하느냐에 따라 다르게 들린다. 마찬가지로 어떤 마음으로 듣느냐에 따라서도 깊이와 울림이 달라진다. 평소에 흘려듣던 소리도 내 마음이 광야 같을 때면 다르게 들리기 때문이다. 그땐 아무리 작은 소리도 확성기에 대고 말하듯이 크고 또렷이 들린다.

광야는 기도의 자리로 이끈다

다들 밤낮으로 바쁜 시대에 살고 있다. 투잡, 쓰리잡으로 생계를 유지하는 사람들도 갈수록 늘고 있다. 그러다 보니 "바쁘다", "피곤하다"가 하나님을 찾고 싶어도 찾을 수 없는 최고의 이유가 되어 버린 것 같다. 그런데 광야는 이 모든 이유를 무력화시키고 우리를 기도의 자리로 이끈다.

지금은 국민 여배우가 된 윤여정 씨가 오래전 한 TV 프로그램에 나왔을 때였다. 사회자가 "언제 연기가 제일 잘 되시나요?"라고 질문했을 때, 그녀는 꾸밈없이 대답했다.

"돈이 급할 때요. 제가 그토록 혼이 실린 연기를 할 수 있었던 것은 주린 배를 채우기 위해서였습니다."

그녀는 다른 배우들처럼 일생을 연기에 바쳤기 때문이 아니라 그저 생계 때문에 연기에 집중할 수밖에 없었다고

광야는 휴대폰 신호가 잘 터지지 않는 대신에
영적 주파수가 잘 터지는 곳이다.

대답했다. 그녀에게 광야는 연기에 오롯이 몰입할 수밖에 없는 무대였다.

광야를 낭비하지 않으려면

기도와 배부름은 반비례하는 게 분명하다. 금식 기도는 있어도 포식 기도는 없지 않은가. 나 또한 지난날 온전히 기도에 몰입했던 순간을 보면, 대부분 벼랑 끝에 서 있을 때였지 배불렀을 때가 아니었다. 다 말랐다고 생각했던 눈물샘도 내 마음이 광야 같을 때 다시 터졌다. 유대인들에게 광야는 하나님의 말씀이 임하는 장소였고, 그분의 세미한 음성을 명징하게 들을 수 있는 최적의 환경이었다.

그렇다. 광야는 휴대폰 신호가 잘 터지지 않는 대신에 영적 주파수가 잘 터지는 곳이다. 광야는 물리적인 장소이기 전에 마음의 상태다. 예수님은 이것을 '가난한 심령'이라고 표현하셨다. 내 마음이 지옥 같거나 광야 같을 땐, 기도가 나를 하나님 앞으로 잡아끌고 가는 것처럼 느껴진다. 그동안 꿈쩍도 하지 않던 입과 귀가 마음이 광야 같을 때 열린다는 건 신기한 일이다. 가뜩이나 힘든 광야인데, 그만큼 소중한 광야를 낭비하지 않았으면 좋겠다.

네 하나님 여호와께서 이 사십 년 동안에 네게 광야 길을 걷게 하신 것을 기억하라. 이는 너를 낮추시며 너를 시험하사 네 마음이 어떠한지 그 명령을 지키는지 지키지 않는지 알려 하심이라. _신명기 8:2

알았다면 그렇게 기도했겠나?

아빠 때문에 십년감수했잖아요

"누구나 그럴듯한 계획을 하나씩은 가지고 있다. 처맞기 전까진…."

핵주먹으로 유명한 마이크 타이슨이 남긴 희대의 명언이다. 결혼 전에는 동화책에 나오는 것처럼 '그 후로 행복하게 살았더랍니다'는 식의 가정을 꿈꿨다. 결혼해서 아들 셋을 낳기 전까진… 둘째 때까진 그나마 어느 정도 감당할 수 있었다. 하지만 셋째가 막무가내로 여기저기를 휩쓸고 다니면서부턴 타이슨의 명언이 나 들으라고 한 말임을 알게 되었다.

서울에 살 때, 세 아들을 데리고 서울 근교의 놀이동산에 간 적이 있었다. 비좁은 차에 다섯 식구가 타고, 짐까지 싣고 나면 체력의 3분의 1이 소모된 것 같았다. 놀이동산에 도착하자 직립 보행이 가능한 첫째와 둘째는 물 만난 물고기처럼 팔딱팔딱 사방을 뛰어다녔다. 유난히 에너지가 넘치고 호기심이 많은 첫째는 타는 놀이기구마다 시시하다며 좀 더 재미있는 게 없냐고 입을 삐죽 내밀었다.

때마침 눈앞에 바이킹이 보였다. 그때 일곱 살이었던 첫째의 눈이 반짝반짝 빛나기 시작했다. 바이킹을 타기에는 너무 이르다며 다음에 타는 게 좋겠다고 아이를 타일렀다. 그런데도 첫째는 계속 "바이킹, 바이킹" 연호하면서 꼭 타겠다고 떼를 썼다. 하는 수 없이 나중에 딴소리하지 않겠다는 다짐을 받고 바이킹을 탔다.

서서히 바이킹이 움직이기 시작하더니 얼마 지나지 않아 정점을 찍으며 좌우를 오갔다. 첫째는 기겁하며 "아빠, 무서워. 나 그냥 내릴래" 하고 절규하듯이 외쳤다. 이미 때가 늦었다는 걸 알려주었다. 대신에 첫째를 꼭 끌어안아 주었다. 바이킹이 멈추고 땅에 발을 내디딘 첫째는 하얗게 질린 얼굴로 따졌다.

"아빠 때문에 십년감수했잖아요."

말씀을 주야로 묵상하면서 가까이해야
말씀에 대한 감각이 생긴다.
그래야 기도에 대한 감각도 생긴다.

일곱 살짜리가 십년감수했다는 말에 짠하면서도 웃음이 나왔다.

그 잔을 마실 수 있나이다

예수님께서 곧 십자가에 못 박히실 것을 예고하자, 형제인 야고보와 요한이 선수를 친다.

"주님, 주님이 영광 받으실 때 저희를 좌우편에 앉게 해주세요."

예수님은 "내가 마시는 잔을 너희가 마실 수 있겠느냐"라고 되물으셨다. 그 잔이 무엇을 의미하는지 전혀 몰랐던 형제는 자신만만한 표정으로 대답한다.

"네, 당연히 마실 수 있죠."

예수님께서 말씀하신 잔이 축배와 영광의 잔이 아니라 고난의 잔이라는 걸 알았다면, 야고보와 요한은 어떻게 반응했을까? 결국 야고보는 사도 가운데서 가장 먼저 순교한다. 동생 요한은 다른 사도들처럼 순교하지 못하고 혼자 남아서 '살아내는 순교'를 한다.

멋모르면 용감하다고 했다. 여기에는 장단점이 있다. 멋모르면 눈치를 보거나 체면을 차리지 않고 도전할 수 있는 반면에, 잘못 구해서 혼쭐이 날 수도 있다. 야고보와 요한이 예수님께서 말씀하신 잔을 마실 수 있었던 건, 그들의 호기로운 다짐이나 결단 때문이 아니었다. 하나님께서 그들에게 그만한 믿음을 주셨기에 가능한 일이었다.

무엇을 구할지 조심하라

영적으로 어릴 땐 분별력이 떨어진다. 그래서 기도할 때 아무거나 막 구하기가 쉽다. 대부분 처음에는 이런 과정을 겪으면서 기도를 배우고 익힌다. 이것은 지극히 자연스러운 모습이다. 그러다가 영적으로 성장하면서 지각이 생긴다. 구하더라도 분별해서 구한다. 기도할 때 구하는 것을 보면, 그가 어떤 사람인지 알 수 있는 이유가 여기에 있다.

야구선수나 축구선수가 공에 대한 감각을 익히는 방법은 딱 하나다. 매일 시도 때도 없이 손과 발로 공을 가지고 훈련하는 것이다. 공을 자주 만지면서 주고받아야 손과 발에 공에 대한 감각이 생기기 때문이다. 마찬가지로 말씀을 주야로 묵상하면서 가까이해야 말씀에 대한 감각이 생긴다. 그래야 기도에 대한 감각도 생긴다.

첫째 아들이 거듭된 경고에도 바이킹을 탈 수 있다고 자신한 일을 떠올려 본다. 동시에 누군가가 "기도할 때 조심해서 구하라. 실제로 응답될 수 있기 때문이다"라고 한 말도 곱씹어 본다. 기도를 너무 어렵게 생각하거나 부담 갖는 것도 좋은 일은 아니지만, 불도저식의 간구를 믿음의 기도라고 치켜세우는 것도 바람직하지 않다. 기도를 너무 어렵게 생각하지 말자. 그렇다고 만만하게 보지도 말자. 다만 말씀을 가까이하면서 기도의 감각을 길렀으면 좋겠다.

여짜오되 주의 영광 중에서 우리를 하나는 주의 우편에, 하나는 좌편에 앉게 하여 주옵소서. _마가복음 10:37

어슬렁거리는 진짜 이유

술은 마셨지만

예전에 한 연예인이 술을 마시고 운전하다가 걸린 일이 있었다. 당시에 어떤 기자가 음주운전을 한 게 맞냐고 묻자 그의 대답이 기가 막혔다.

"술은 마셨지만, 음주운전은 하지 않았습니다."

술을 마시면 술에 지배를 받는다. 그렇다고 음주운전자가 "나는 잘못이 없고, 나를 이렇게 만든 술이 문제다"라고 말할 순 없다. 술을 마신 것도, 술을 마신 후 운전대를 잡은 것도 자신이 내린 선택의 결과다.

술을 마셔도, 담배를 피워도 구원받는 데 아무 지장이

없다고 말하는 사람들이 종종 있다. 십일조의 기준을 세전으로 해야 할지 세후로 해야 할지 궁금하다는 사람들도 있다. 술을 마시거나 담배를 피운다고 해서 구원이 취소되거나 위태로워지는 건 아니다. 십일조를 세전으로 내든 세후로 내든 하나님께는 아무 상관이 없다(복 받을 때 세전이나 세후로 적용받는 일은 없으니 안심하라). 우리는 거기에 관심이 많지만, 정작 하나님은 거기에는 조금도 관심이 없으시다.

궁금한 진짜 이유

처음에는 사람들이 술이나 담배가 신앙생활에 미치는 영향이 궁금해서 그렇게 묻는 줄 알았다. 온전한 십일조를 드리고 싶어서 묻는 줄 알았다. 그런데 아니었다. 술 담배 문제로 고민한 건, 하고 싶지만 마음에 걸리기 때문이었다. 십일조의 기준이 세전인지 세후인지 궁금한 건, 조금이라도 더 내자니 아깝기 때문이었다.

'진짜 그리스도인'이라고 인정할 수밖에 없는 이들을 만날 때가 있다. 그런 이들은 하나같이 어떻게 하면 예수님을 잘 섬길 수 있을까, 어떻게 하면 신앙생활을 잘할 수 있을까에 관심이 많다. 누구보다 잘 섬기고 있는데도 정작 자신

> 손해는 보기 싫고 혜택만 받고 싶을 때,
> 우리는 같은 일도 달리 해석하게 된다.

은 그런 줄도 모른다. 애초에 그런 데 관심이 없다. 정말 그리스도인답게 살기 위해 몸부림치는 사람은 술을 마셔도 되는지, 마시면 얼마나 마셔도 되는지 묻지 않는다. 담배를 피워도 되는지, 전자담배는 되는지 묻지 않는다.

어슬렁거리는 진짜 이유

십일조도 마찬가지다. 받은 은혜에 감사할수록 세전과 세후는 아무런 문제가 되지 않는다. 아까우니 자꾸 본전 생각이 나는 것이다. 이는 이웃을 사랑하기 싫으니까 이웃의 범위를 정확히 정해 달라고 요청하는 것과 같다. 손해는 보기 싫고 혜택만 받고 싶을 때, 우리는 같은 일도 달리 해석하게 된다. 자신에게 더 유리한 쪽으로 말이다.

유혹은 경계에서 어슬렁거리는 사람에게 더 강하게 찾아온다. 유혹에 가까이 갈수록 예수님과의 거리는 그만큼 멀어진다. 유혹에서 멀어지는 가장 좋은 방법은 예수님께 더 가까이 가는 것이다. 그분의 기쁨을 나의 기쁨으로, 그분의 관심을 나의 관심으로 삼으면 된다.

여호와의 친밀하심이 그를 경외하는 자들에게 있음이여. 그의 언약을 그들에게 보이시리로다. _시편 25:14

그냥 남겨 두는 것도 믿음이다

꼭 정답을 찾아내야 할까?

우리나라 학생들이 각종 국제대회에서 입상했다는 소식은 어제 오늘의 일이 아니다. 우리는 어릴 때부터 수많은 종류의 시험을 치르면서 평가와 비교 가운데서 학창 시절을 보냈다. 선생님들도 늘 입버릇처럼 "정답은 항상 존재하므로 반드시 정답을 찾아야 한다"고 가르쳤다. 학교 시험 문제에는 딱 떨어지는 정답이 존재한다. 하지만 인생에서 만나는 문제는 딱 떨어지는 정답은 고사하고, 처음부터 풀 엄두조차 나지 않는 것들이 태반이다. 남의 문제는 늘 쉬워 보이게 마련이다. 반면에 내 문제는 늘 어렵게 보인다. 분명한 건, 누구에게나 풀리지 않는 인생의 문제들이 존재한다는 사실이다.

문제를 끝까지 물고 늘어지면서 정답을 찾아내려는 근성은 중요하다. 그와 더불어 풀리지 않는 문제가 있다면, 그대로 남겨 두는 것도 중요하다. 성경을 부지런히 묵상하고 연구하는 자세는 아무리 강조해도 지나치지 않다. 그렇다고 이해되지 않는 교리나 성경에 나오는 초자연적 기적에만 매달리다 보면, 믿음이 자라기는커녕 거기에 함몰되기 쉽다. 우리는 다 알기 때문에 믿는 것이 아니다. 다만 성령님의 조명 아래에서 하나씩 깨달아 가면서 믿을 뿐이다.

"문제를 문제로 보는 것이야말로 진짜 문제다."

문제를 문제로만 보지 말고 기회로 바라보라는 당부다. 일리 있는 말이다. 하지만 때론 이렇게 생각할 필요도 있지 않을까?

"문제를 문제로 인정하지 않는 것이야말로 더 큰 문제다."

그대로 남겨 두는 것도 좋은 방법이다

리허설 없이 날마다 생방송으로 살아야 하는 게 우리의 인생이다. 여전히 풀리지 않고 답을 찾을 길 없는 난제들도 수두룩하다. 그런데도 우리는 기도로 끝까지 매달리면 문제를 풀 수 있다고 생각한다. 이런 편향된 생각을 가지고 있으면, 문제를 풀지 못하는 이유를 믿음의 부족에서 찾게 된다. 한술 더 떠서 "아직 믿음이 부족해서 그래", "아직 기도가 부족해서 그래"라는 말로 가뜩이나 풀리지 않는 문제로 씨름하는 사람을 정죄하게 된다.

지금 당장 풀리지 않는 문제는 그대로 남겨 두는 것도 좋은 방법이다. 생사가 걸린 문제가 아니라면 그대로 품고 살아가기로 결단하는 것도 대단한 믿음이다. 때론 그런 결단이 풀리지 않는 수수께끼를 붙들고 씨름하다가 나가떨어지는 것보다 나은 선택이 될 수 있다.

의사들은 우리 몸에 혹이 있다고 해서 다 제거해야 한다고 권하지 않는다. 악성이 아닌 이상, 혹 중에는 평생 내 몸의 일부로 생각하고 함께 살아가야 하는 것도 있다. 괜히 건드렸다가 도리어 잘못되는 경우가 있기 때문이다. 사도 바울도 육체의 가시를 제거하려고 기도로 몸부림쳤지만 돌아온 건, "그대로 가지고 살라"는 대답이었다. 이런 종류의 대답은 우리가 기대했던 정답과는 거리가 멀다. 그런데도 바울은 육체의 가시를 그대로 끌어안고 살아가기로 한다.

문제를 잘 푸는 건 실력이고 능력이다. 그러나 때론 풀

수 없는 문제도 있고, 그래서 그대로 남겨 둘 필요도 있음을 인정해야 한다. 매번 생기는 문제들을 다 풀려고 달려들었다간 제 명에 못 산다. 문제에 말려서 죽도 밥도 안 된다.

믿음의 두 가지 다른 얼굴

하나님은 우리의 질문에 일일이 다 대답해 주지 않으신다. 왜 문제가 생기는지, 그 해법이 무엇인지 친절하게 알려주지도 않으신다. 그렇다면 우리가 구해야 할 것은 정답이 아니라 풀어야 하는 문제와 그대로 남겨 둬야 하는 문제를 분별하는 능력이다. 오늘날 우리는 이런 분별력이 없어 더 많은 어려움을 겪는지도 모른다. 자신의 한계를 뛰어넘으려는 시도만 믿음은 아니다. 자신의 한계를 그대로 받아들이려는 시도도 믿음의 또 다른 모습이다. 수긍하고 수용하는 데도 상당한 믿음이 요구되기 때문이다. 돌파력도 순응력도 믿음의 두 가지 다른 얼굴이라는 사실을 잊지 말자.

나에게 이르시기를 내 은혜가 네게 족하도다 이는 내 능력이 약한 데서 온전하여짐이라 하신지라. 그러므로 도리어 크게 기뻐함으로 나의 여러 약한 것들에 대하여 자랑하리니 이는 그리스도의 능력이 내게 머물게 하려 함이라. _고린도후서 12:9

운명은 한끗 차이

결혼식보다 결혼생활이다

"이번에 제 딸이 시집을 가는데, 주례 좀 부탁드립니다."

"네? 제가요?"

언제나 그렇듯 그날은 생각보다 일찍 찾아왔다. 삼십 대 중반의 나이에 생애 첫 결혼식 주례를 하게 된 것이다. 결혼식 당일, 주례하러 가는데 '실수하거나 사고 치면 어쩌나'라는 생각에 심박수가 빨라졌다. 예식장으로 향하는 동안 '만에 하나'라는 생각이 사방에서 튀어나와 머릿속을 둥실둥실 떠다녔다.

시간은 내 마음을 아는지 모르는지 주례할 순서가 되었

다. 사회자가 주례 맡은 나를 소개하자 여기저기서 웅성거렸다. 하객들이 보기에 주례자가 젊어도 너무 젊은 모양이었다. 내가 봐도 어색했으니 하객들은 오죽했을까? 그날 처음 결혼하는 신랑 신부나 처음 주례하는 나나 떨리고 긴장되기는 마찬가지였다. 감사하게도 '만에 하나' 같은 불상사는 일어나지 않았다.

목회를 하다 보면 결혼식에 참석할 일이 많다. 결혼식에 참석할 때마다 느끼는 점이 있는데, 인생에 한 번(?) 있는 중대사인만큼 이왕이면 '크게', '화려하게', '그럴듯하게' 해야 한다는 인식이 깔려 있는 듯하다. 결혼식 규모가 행복한 가정의 전제 조건인 것처럼 말이다. 한 번 있는 '결혼식'을 위해서는 모든 것을 쏟아부으면서, 정작 평생을 함께 살아야 하는 '결혼생활'을 위해서는 별다른 준비를 하지 않는 건 이상한 일이다. 결혼식의 규모와 화려함은 행복한 결혼생활과 아무 상관이 없다. 하루짜리 결혼식보다 일생이 걸린 결혼생활을 준비하는 게 더 지혜로운 일이다.

'~만'을 '~도'로 바꿨을 뿐인데

몇 년 전부터 결혼식을 간소화한 스몰웨딩이 인기를 얻고 있다. 결혼식이 '최대한'에서 '최소한'으로, '화려한'에서 '소박한'으로 바뀌고 있다. 아무리 결혼식이 간소화되고 실용적으로 바뀌었다고 해도, 결코 빠질 수 없는 순서가 있다. 바로 서약식이다(서약식이 축가 같은 화려한 퍼포먼스에 묻힐 때가 많다는 건 안타까운 일이다). 대개 서약식에서 신랑 신부는 다음 질문에 대답한다.

신랑은 평생 신부 ○○○ 양만 사랑할 것을 굳게 맹세합니까?
신부는 평생 신랑 ○○○ 군만 사랑할 것을 굳게 맹세합니까?

그런데 여기에서 한 글자만 바꾸면 어떻게 될까?

신랑은 평생 신부 ○○○ 양도 사랑할 것을 굳게 맹세합니까?
신부는 평생 신랑 ○○○ 군도 사랑할 것을 굳게 맹세합니까?

'~만'을 '~도'로 바꿨을 뿐인데 그 의미가 완전히 달라진다. 만약 주례하면서 이렇게 서약을 시킨다면 어떤 일이 벌어질까? 결혼식이 나의 장례식이 될지도 모른다. 성경도 사소해 보이는 한끗 차이가 생과 사를 가를 수 있음을 보여 준다.

여호수아의 마지막 고별 설교를 들어보라. 그는 주례자가 되어 이스라엘 백성에게 이렇게 서약을 시킨다.

"여호와만 섬기라"(수 24:14).

한 번도 떠난 적이 없었다고?

놀랍게도 이스라엘 백성은 하나님을 떠난 적이 한 번도 없었다. 다만 하나님도 섬기고 이방신도 '겸하여' 섬겼을 뿐이다. 하나님은 이런 모습을 "그들이 나를 버리고 떠났다"라고 표현하셨다. 예수님을 믿는다는 건 그분을 내 삶의 주인으로 고백하고 인정하고 모시는 일이다. 더 정확히 표현하자면, 내 삶의 모든 소유권과 주도권을 예수님께 등기 이전하는 일이다.

신앙생활은 영적 전쟁이다. 예수님'만' 섬길 것인지, 아니면 예수님'도' 섬길 것인지를 두고 벌이는 패권 싸움이다. 우리를 향한 예수님의 사랑은 변함이 없다. 문제는 예수님을 향한 우리의 사랑이 변덕스럽기 짝이 없고, 우리의 눈도 그럴듯해 보이는 기타 등등에 자주 돌아간다는 데 있다.

하나님은 예수님을 통해 '온리 유'(only you, 오직 너뿐이야)의 사랑을 보여주셨다. 내가 믿는 예수님 앞에도 언제나 '온리'가 붙기를 바란다. 오늘도 예수님'도'가 아닌 예수님'만'인 하루가 되기를….

그러므로 이제는 여호와를 경외하며 온전함과 진실함으로 그를 섬기라. 너희의 조상들이 강 저쪽과 애굽에서 섬기던 신들을 치워 버리고 여호와만 섬기라. _여호수아 24:14

02

관계가 흔들리는
그리스도인에게

김장 쓰레기를 함부로 투척하면
과태료를 내는 데 그치지만,
감정 쓰레기를 함부로 투척하면
관계에 금이 가고 만다.

감정 쓰레기 배출 방법

뭐 눈에는 뭐만 보인다고

살다 보면 어이없을 때가 있다. 이른 아침부터 늦은 오후까지 주일 사역을 마치고 집에 들어간 날이 그랬다. 피곤한 상태로 엘리베이터를 탔다. 안에는 여러 가지 안내문이 붙어 있었다. 슬쩍 훑어보는데 한 안내문이 눈에 띄었다.

"감정 쓰레기 배출 방법."

이상하다 싶어 눈을 몇 번 끔뻑거리고는 다시 안내문을 들여다보았다.

"김장 쓰레기 배출 방법."

김장철 쓰레기 배출과 관련해서 협조를 부탁하는 안내

문이었는데, 피곤한 탓에 잘못 본 것이다. 헛웃음이 나왔다. 어이없었지만 그냥 지나쳐 보내기엔 아까운 경험이라 휴대폰에 저장해 놓았다. 안내문의 내용은 이러했다.

> 첫째, 생활 하수관에 음식물 쓰레기 투입은 절대 안 됩니다. (저층 세대 피해)
> 둘째, 베란다 등에서 김장배추 등 채소를 세척하면 안 됩니다. (저층 세대 피해)
> 셋째, 음식물 쓰레기(물기 있는 쓰레기)를 일반 쓰레기와 혼합 배출 시 과태료 처분 대상이 됩니다.

해마다 김장철이 되면 흔히 볼 수 있는 안내문이다. 그런데 왜 그날은 '김장'을 '감정'으로 봤던 것일까? 뭐 눈에는 뭐만 보인다고 마음에 가득한 것이 눈에 더 띄게 마련이다. 일종의 '컬러 배스 효과'(color bath effect)다. 내가 보고 싶은 것만 보고, 듣고 싶은 것만 들으니 말이다. 생각해 보니 그날은 여러 사람에게 시달리면서 감정의 부침을 많이 겪은 하루였다. 피식 나오는 웃음을 뒤로하고 엘리베이터에서 내리는데 생각 하나가 스쳤다.

'김장뿐 아니라 감정에도 쓰레기가 많이 나오는데, 감정

을 배출하는 데도 알맞은 방법이 있어야 하지 않을까?'

감정 쓰레기 배출 방법과 관련해서 안내문을 붙여도 재미있겠다 싶었다. 그래서 김장 쓰레기 배출 방법을 벤치마킹해서 한번 적어 보았다.

꼭 그렇게 해야만 속이 후련했냐

첫째, 사람들의 마음에 함부로 감정 쓰레기(욕설, 비방, 분노, 화, 정죄 등)를 투입하면 절대 안 됩니다. (타인의 마음이 쓰레기통도 아닌데 감정 쓰레기를 함부로 버리는 사람이 얼마나 많은가?)

둘째, 공공장소에서 공개적으로 감정 쓰레기를 배출하면 안 됩니다. (다들 보는 앞에서 공개적으로 창피와 모욕을 주는 사람은 또 얼마나 많은가?)

셋째, 감정 쓰레기를 "다 너를 위해서 하는 말이야"라는 말과 혼합 배출 시 과태료 처분 대상이 됩니다. (감정 쓰레기를 실컷 버리고 나서 자신을 뒤끝 없는 사람처럼 포장이나 하지 않았으면 좋겠다.)

다른 사람이 감정 쓰레받기도 아니고 감정 쓰레기통도 아닌데, 욱할 때마다 주변에 욕설을 비롯한 온갖 쓰레기를 무단 배출하는 사람이 있다. 자기 스트레스를 해소하자고 다른 사람을 감정받이로 사용하는 것이다. 그런 사람들에게 "꼭 그렇게 해야만 속이 후련했냐?"라고 묻고 싶다.

살면서 욱하지 않은 사람, 화가 머리끝까지 치밀지 않은 사람, 억울하지 않은 사람이 어디 있나? 애꿎은 사람에게 함부로 감정 쓰레기를 투척하지 않으려면, 날 선 감정을 합법적으로 버릴 필요가 있다.

관건은 배출 방법이다

쓰레기를 함부로 투척하면 과태료를 내는 데 그치지만, 감정 쓰레기를 함부로 투척하면 관계에 금이 가고 만다. 그것은 돈으로도 회복할 수 없다. 그렇다고 감정 쓰레기를 마음에 담아 두고 있자니 속이 영 답답하고 메스껍다. 관건은 배출 방법이다.

시편의 다윗을 보면, 온갖 종류의 감정을 가지고 시시때때로 하나님 앞에 나가서 다 토해 낸다. 그는 억울하고 분한 감정을 가지고 다른 데로 가지 않고 하나님 앞으로 나갔다. 그리고 백성들에게도 그렇게 할 것을 권면한다.

속이 답답하고 메스꺼울 때 토하면 시원하다. 감정 쓰레기가 마음에 쌓여 힘들다면, 우리도 하나님을 의지하며 그분 앞에 나가서 마음속에 든 것을 토해 보자. 효과 만점이다. 이왕이면 기도라는 종량제 봉투에 담아서 가지고 나가자. 그것이 내가 살고, 가족이 살고, 공동체가 사는 길이다.

백성들아 시시로 그를 의지하고 그의 앞에 마음을 토하라. 하나님은 우리의 피난처시로다. _시편 62:8

MBTI 가라사대

MBTI 가라사대

요즘 너 나 할 것 없이 MBTI 타령이다. MBTI 성격 유형만 알면, 상대방에 대해 다 알게 되기라도 하는 것처럼 야단법석이다. 기업에서도 직원을 채용할 때 선호하는 MBTI 유형이 있다고 한다. 본래 MBTI 검사의 목적은 나라는 사람을 좀 더 객관적으로 들여다볼 때 도움을 얻는 데 있다. 그저 참고 정도만 하면 된다. 그런데 MBTI 유형을 무슨 진리인 양 맹신하는 사람들이 적지 않다. 하기야 우리는 혈액형 유형만으로도 '한 사람의 정체'를 해석해 낼 정도로 놀라운 능력을 가지고 있지 않은가.

혈액형으로는 성에 차지 않는지 이제는 MBTI 성격 유형 검사에 눈길을 돌리고 있다. 내가 혹은 상대가 어떤 성향을 가졌는지 감을 잡기 위한 팁 정도로만 생각하면 얼마나 좋을까? 하지만 우리는 MBTI 유형으로 색안경을 만들어 끼고, "당신은 이런 사람이야"라고 낙인찍기를 좋아한다. 이해를 돕는 수단이 프레임을 씌우는 수단이 되어 버렸다.

MBTI 검사를 해 보면 알겠지만, 검사 결과는 절대치보다는 어림치로 보는 것이 좋다. E(외향성)나 I(내향성)처럼 둘 중 하나로 결과가 나오기 때문이다. 모 아니면 도라는 것인데 인간은 그렇게 단순하지 않다. 인간은 '내 안에 내가 너무도 많은' 다층적이면서도 난해하고 복잡한 존재다. 오죽하면 본회퍼 목사가 "나는 누구인가"라고 자문했을까?

도대체 넌 누구냐?

언젠가 사람들 앞에서 자작시를 낭독한 적이 있었다. 그런 모습이 예전부터 나를 알던 이들에게는 굉장히 낯선 모양이었다.

"이런 면이 있다는 걸 오늘 처음 알았네요."

우리가 아는 누군가의 모습은 어쩌면 그의 한 단면 혹은 일각에 불과할지도 모른다. 선입견은 정보가 부족할 때 생긴다. 잘 모르기 때문에 섣불리 예단하고 판단하고 지레짐작하는 것이다. 이런 점에서 우리는 '인지적 구두쇠'(두뇌 에너지를 최대한 적게 쓰는 방식으로 문제를 해결하려는 현상을 가리키는 사회심리학 용어)다. 인간은 생각하는 존재라지만 의외로 생각하는 데 게으르다. 우리는 약간의 정보와 나름의 경험, 거기에 풍부한 상상력을 동원해서 그럴듯한 결론을 내린다. 선입견에 따라 정보를 취사선택하고 편집해 놓고선 종합적인 판단을 했다고 생각한다.

가끔 나 자신도 나에게 이런 면이 있었나 하며 깜짝 놀라곤 한다. 그럴 때면 "도대체 넌 누구냐?"라고 묻고 싶다. 나도 나를 몰라서 헤맬 때가 많다면 다른 사람은 어떻겠는가? 그런데도 우리는 다른 사람들을 '이런 사람 혹은 저런 사람'이라고 잘도 분류하고 정의한다.

한 단면을 보고 나서 전체를 보았다고 생각할 때 선입견이 생긴다. 마찬가지로 하나님의 일부를 전부라고 생각할 때 신앙이 한쪽으로 쏠리면서 왜곡 현상이 일어난다. 예를 들어, 사랑이 하나님의 전부인 양 생각하는 사람에게 지옥은 가당치 않다. 사랑의 하나님이 사람들을 지옥에 보낼 리 없다고 생각하는 것이다. 반대로 공의가 하나님의 전부인 양 생각하는 사람에게 지옥은 좁아도 너무 좁고 천국은 넓어도 너무 넓다.

미지의 하나님을 찾아서

어떤 사람들은 구약의 하나님을 채찍을 휘두르는 무섭고 섬뜩한 분으로, 신약의 하나님을 한없이 사랑 많은 분으로 생각한다. 그러나 구약에도 공의만큼이나 하나님의 사랑이 곳곳에 배어 있고, 신약에도 사랑만큼이나 하나님의 공의가 곳곳에 배어 있다. 하나님은 믿지 않는 사람들을 '지옥의 불쏘시개'로 사용하시는 무자비한 분이 아니다. 하나님께서 인간을 구원하시는 목적은 인간을 살리는 데 있지 심판하는 데 있지 않다.

하나님을 사랑으로, 은혜로, 공의로 정의할 수는 있다. 그러나 그 정의 안에 하나님을 전부 담을 순 없다. 겨우 일부만 담을 뿐이다. 믿고 싶은 대로 믿는 건 신앙생활이 아니라 종교 생활이다. 하나님을 아는 지식에서 자라 가야 하는 이유가 여기에 있다. 낯선 세계를 만날 때 인식의 영역이 확장되는 것처럼, 낯선 하나님을 만날 때 믿음의 지경도 한층 더 확장된다.

그러니 뜻밖의 하나님, 낯선 하나님, 의외의 하나님을 만나도 소스라치게 놀라지 말자. 그게 정상이다. 하나님은 측량할 수 없는 분이니까. 하나님은 여전히 알쏭달쏭한 분이다. 우리는 그저 알 듯 말 듯한 그분을 평생에 걸쳐 조금씩이라도 알아 가면 된다. 미지의 하나님을 발견하는 건, 그리스도인에게만 허락된 쏠쏠한 즐거움이다.

진리의 한 부분만 아는 우리가 하나님에 대해 말하는 것은 언제나 불완전합니다. _고린도전서 13:9, 메시지성경

작은 그늘이라도 괜찮아

볼품없어도 괜찮아

지친 엘리야가 그 아래에서 회복을 경험했다는 이유로, 뜻하지 않게 유명해진 나무가 있다. 바로 로뎀나무다. 덕분에 로뎀나무는 쉼과 회복이라는 이미지를 얻게 되었다. 그래서일까? 대개는 로뎀나무 하면, 잎이 무성해서 넉넉한 그늘을 드리운 모습을 떠올린다. 그러나 실제로 로뎀나무는 잎이 무성한 나무와는 거리가 멀다. 광야에서 흔히 볼 수 있는 키 작은 관목이기 때문이다. 보잘것없는 떨기나무와 별반 다르지 않다.

    로뎀나무가 만드는 그늘이라고 해 봐야 겨우 한 사람이

들어갈 정도다. 삼천리 금수강산에 익숙한 우리의 눈으로 보면, 로뎀나무는 볼품없어도 너무 없다. 하지만 뜨거운 태양이 작열하는 광야에서는 다르다. 작은 그늘이라도 만들어 주는 로뎀나무가 오아시스를 만난 것처럼 반갑고 고맙다. 더군다나 엘리야처럼 지쳐서 쓰러지기 일보 직전의 사람에게는 그 작은 그늘이 산소 호흡기이자 회복실일 수 있다. 어쩌다가 만나는 드넓은 그늘보다, 쉼이 절실할 때 만나는 작은 그늘이 더 고마운 법이다.

광야의 작은 그늘이 그러하듯 작고 적은 것이 위력을 발휘할 때가 있다. 군대에서는 행군할 때가 그렇다. 군대에서 가장 힘든 두 가지 훈련이 있다면 유격과 행군이다. 둘 다 몸과 마음과 정신을 극한으로 몰고 가기 때문에 할 수만 있다면 피하고 싶은 훈련이다. 특히 행군은 무거운 군장을 메고 수 시간을 걸어야 한다.

그래서 출발에 앞서 반드시 챙겨야 할 것이 하나 있다. 바로 물을 가득 채운 수통이다. 행군을 하다 보면 갈 길이 아직 먼데 수통에 물이 바닥나는 경우가 있다. 조금씩 아껴서 마셨건만 어느새 다 마셔 버린 것이다. 타는 듯한 목마름으로 괴로울 때, 누군가 건네는 한 모금의 물은 생명수와 같다. 벌컥벌컥 들이켜는 시원한 냉수 한 그릇은 아닐지라도, 그 물 한 모금 덕분에 행군을 무사히 마치는 이들이 적지 않다. 단순히 양으로 환산할 수 없는 가치를 지닌 한 모금이다. 다들 똑같이 심한 갈증을 느끼는 처지에서 내 몫을 양보한다는 건 쉬운 일이 아니기 때문이다.

엄두를 내도 괜찮아

우리말 숙어 가운데 '엄두가 나다' 혹은 '엄두를 내지 못하다'라는 말이 있다. 사전에 따르면, 엄두는 "감히 무슨 일을 하려는 마음"을 의미한다. 그러니 엄두가 난다는 것은 주변 상황이나 여건을 고려할 때 감히 해 볼 마음이 생긴다는 뜻이다. 반대로 엄두를 내지 못한다는 것은 상황이나 여건이 좋지 않아 감히 어떤 일을 해 볼 마음을 갖지 못한다는 뜻이다. 나의 형편과 처지를 감안하면 엄두를 낼 일보다 엄두를 내지 못할 일이 더 많다.

하지만 가진 것이 많다고 해서 엄두가 나는 것도 아니고, 더 넓은 그늘을 만드는 것도 아니다. 자신이 받은 은혜에 어떻게든 반응하려는 사람이 그나마 엄두를 내서 작은 그늘을 만든다. 고작 작은 그늘이지만, 누군가는 거기에서 쉼과 회복을 맛보며 다시 희망을 품을 것이다.

작은 그늘이라도 괜찮아

그러므로 우리가 할 일은 내가 만들 수 있는 정도의 그늘을 제공하는 것이다. 그래야 엄두를 낼 수 있다. 그러고 나면 하나님께서 '고작'에 불과한 그 작고 적은 것으로 누군가를 살리기도 회복시키기도 하실 것이다. 오병이어의 놀라운 기적이 한 아이의 도시락에서 비롯된 것처럼 말이다.

광야 같은 세상을 지날 때 진짜 필요한 건
군데군데 드리워진 작은 그늘이다.
그 작음이 누군가에게는
생명이고 위로이고 격려가 될 것이다.

다행히 그늘은 거창하거나 화려하지 않아도 된다. 하나님은 크고 작음을 떠나서 그늘을 제공하려는 마음을 더 귀하게 보시기 때문이다. 광야 같은 세상을 지날 때 필요한 그늘은 드넓게 펼쳐진 그늘이 아니다. 광야에 그런 그늘은 존재하지도 않는다. 만약 있다면, 그곳은 더는 광야가 아닐 것이다.

광야 같은 세상을 지날 때 진짜 필요한 건 군데군데 드리워진 작은 그늘이다. 그 작음이 누군가에게는 생명이고 위로이고 격려가 될 것이다. 앞으로도 세상은 커다란 그늘을 만든 사람들을 주목하고 기억할 것이다. 그러나 한 개인에게 오랫동안 고마운 존재로 기억되는 사람은 따로 있다. 내가 힘들 때 작은 그늘을 마련해 준 사람을 우리는 더 고마운 존재로 기억한다. 어쩌면 그는 하나님께서 보내신 천사일지도 모른다.

또 누구든지 제자의 이름으로 이 작은 자 중 하나에게 냉수 한 그릇이라도 주는 자는 내가 진실로 너희에게 이르노니 그 사람이 결단코 상을 잃지 아니하리라 하시니라. _마태복음 10:42

경청은 마음 기울이기

말허리 좀 그만 자르세요

벌써 10년이 지난 일인데, 아직도 그날을 생각하면 한숨이 나온다. 새 학기가 시작된 어느 봄이었다. 상쾌한 마음으로 하루를 시작했는데, 우연히 캠퍼스에서 문제의 인물을 만났다. 평소 몇 번 인사만 주고받은 사이인데도 그는 그날따라 내게 할 말이 있다며 시간 좀 내달라고 했다. 30분 정도면 되겠지 하는 생각으로 자리에 앉았다. 그것은 내 일생일대의 실수였다. 30분이 아니라 무려 한 시간 반 동안 붙들려서 두서없는 말을 들어야 했기 때문이다.

나에게 할 말이 있다는 건, 자기 말을 하기 위한 구실에 지나지 않았다. 가끔 답변이라도 할라치면, 금세 말허리를 잘라 자기 얘기로 연결했다. 헤어질 때 그는 대화를 나눌 수 있어 좋았다고 했다. 그러나 나는 숨이 막혀 죽을 뻔했다. 그 후로 가끔 그를 멀리서 보면 마주치지 않으려고 먼 길을 돌아갔다.

사람 중에는 벽 같은 사람이 있다. 말을 주고받지만 다시 튕겨 나오는 것처럼 느껴지는 사람이랄까? 그런 사람을 만나면 숨을 쉴 수 없을 정도로 갑갑하다. 튕겨 나온 말은 곱게 주인에게로 돌아가지 않는다. 주인의 가슴에 박혀서 통증을 일으킨다.

물이 제대로 흐르지 않으면 어느 정도 고이다가 옆으로 넘치게 마련이다. 소통도 이와 같다. 아무리 말을 주고받아도 '답정너'("답은 정해져 있으니 너는 대답만 해") 식으로 나오는 사람 앞에서는 말문이 턱 하고 막힌다. 말해 봤자 안 통하니 아예 말을 말아야겠다는 생각이 든다. 말문이 막히면 마음의 문도 함께 닫힌다.

경청은 마음 기울이기

"겸손은 머리의 각도가 아니라 마음의 각도다."

경희대 이동규 교수의 두 줄 칼럼 '겸손'에 나오는 문장이다. 이 문장을 곱씹다가 겸손 대신 경청을 넣어보았다.

"경청은 귀 기울이기가 아니라 마음 기울이기다."

우리는 겸손하지 않고도 얼마든지 겸손한 척할 수 있는 '능력자'다. 상대가 누구냐에 따라 머리의 각도도 마음대로 조절할 수 있고, 그래서 겸손하지 않아도 얼마든지 겸손한 척할 수 있다. 겸손이 머리가 아닌 마음의 각도 문제라면, 경청도 귀 기울이기가 아닌 마음 기울이기의 문제다. 상대의 말에 귀 기울이는 척하지만 마음까지 기울이며 듣는 사람은 많지 않다.

벽 같은 사람이 되지 않으려면

솔로몬은 지혜롭게도 듣는 마음을 구했다. 그가 듣고자 했던 것은 두 가지였다. 먼저는 위에 계신 하나님의 말씀이고, 다음으로는 좌우에 있는 신하들과 아래에 있는 백성들의 소리였다. 하나님의 말씀을 듣는 일에 실패하면, 그분이 맡기신 백성들의 목소리도 듣지 못한다는 걸 그는 알았던 것 같다.

하지만 그의 마음이 하나님을 떠나 이방 여인들과 그들

이 가져온 우상에 기울었을 때, 하나님께서 그에게 맡기신 나라도 기울었다. 겉으로 보기에 그는 여전히 성전에서 위에 계신 하나님께 예배를 드렸다. 그러나 그의 마음은 이미 다른 곳에 기울어 있었다. 듣는 마음이 닫히자 빛나던 그의 지혜도 닫히고 말았다.

하나님의 말씀을 청종한다고 자부하는 사람들 가운데 의외로 벽 같은 이들이 많다. 경험상 다른 사람에게 벽 같은 사람이 하나님 앞에서도 벽 같은 사람일 확률은 99.999퍼센트다. 주변 사람들의 말에도 귀 기울이지 못하는 사람이 과연 하나님의 말씀이라고 잘 들을 수 있을까?

네가 평안할 때에 내가 네게 말하였으나 네 말이 나는 듣지 아니하리라 하였나니 네가 어려서부터 내 목소리를 청종하지 아니함이 네 습관이라. _예레미야 22:21

지금은 공사 중입니다만

견디기 힘든 사람들

어른은 아이의 실수를 견디기 힘들어하고, 프로는 아마추어의 어설픔을 견디기 힘들어한다. 이런 현상은 신앙생활에도 적용되어, 신앙의 연륜이 있는 사람들은 신앙의 초보들이 보이는 미숙함을 좀처럼 견디지 못한다. 다른 사람의 약함을 견디는 건 누구에게나 힘들고 버거운 일이다.

복음서를 묵상할 때마다 '예수님은 참 속도 좋으시네' 하며 감탄한 적이 많다. 예수님은 하나님과 동등하신 분으로 언행과 삶에서 독보적인 수준을 보여주셨다. 이에 반해 제자들의 모습은 한참이나 모자랐다. 같이 다니면 격이 떨어져 체면이 서지 않을 정도였다.

"당신의 제자들이 어찌하여 장로들의 전통을 범하나이까. 떡 먹을 때에 손을 씻지 아니하나이다"(마 15:2).

끼리끼리 모이는 법이라 수준이 도긴개긴이면 함께 뒹굴면서 아웅다웅할 수 있다. 서로의 민망한 모습을 봐도 그러려니 하며 넘길 수 있다. 하지만 수준이 하늘과 땅 차이가 나면 애초부터 상종하기가 싫어진다. 수준 낮은 사람으로 같은 취급을 받는 게 싫기 때문이다. 그런데도 예수님은 수준 떨어지는 제자들과 함께 먹고 자면서 동행하셨다. 어떻게 어리숙한 제자들을 오래 참고 견디셨을까?

보여주기식 쇼는 그만 좀 해

쇼는 관중에게 보여주기 위해서 사전에 철저하게 계획되고 준비된다. 완벽한 쇼를 위해선 완벽한 연기가 뒷받침되어야 한다. 배우들은 완벽한 연기를 펼치는 대가로 관중에게 인정과 박수갈채를 받는다. 이것은 어디까지나 무대 위에서 통하는 얘기다. 만약 예배의 대상이신 하나님 앞에서 '완벽한' 연기를 펼친다면 어떨까? 그것은 인정과 박수갈채가 아니라 책망받아 마땅한 부끄러운 모습이다.

성경은 하나님과 우리의 관계를 종종 '사랑의 관계'로 표현한다. 적어도 사랑하는 사람에게만큼은 진실해야 한다. 사랑의 관계에선 쇼할 필요가 전혀 없다.

예수님께서 수준 떨어지는 제자들을 견디실 수 있었던 건, 그들의 마음이 투명하게 드러났기 때문인지도 모른다. 적어도 제자들은 바리새인들처럼 외식하지 않았다. 다시 말해서, 쇼하지 않았다. 그들의 수준은 늘 적나라하게 예수님 앞에서 드러났다. 쇼맨십이 좋은 사람은 대체로 대중에게 인기가 높다. 바리새인들이 율법과 전통을 내세우며 쇼맨십을 갈고닦은 이유가 여기에 있다. 경건에 힘쓰지 않으면 결국 느는 건 쇼맨십밖에 없다. 예수님은 제자들에게 쇼맨십이 아닌 온전함을 요구하셨다.

우리는 모두 공사 중

바리새인뿐만 아니라 죄인인 인간치고 원래 가지고 있었던 하나님의 형상이 일그러지지 않은 사람은 없다. 이런 점에서 성경에서 말씀하는 '온전함'이란 인간이 최초에 지녔던 오리지널 형상(하나님의 형상)을 복원해 가는 과정이 아닐까 싶다. 하나님께서 인간을 창조하고 기대하셨던 그 목적으로 복원하는 것이다.

한때 미국에서 그리스도인들 사이에 'PBP/GINFWMY'라는 글자가 새겨진 배지나 티셔츠가 유행했다. "좀 참아 주세요. 하나님이 아직 저를 완성하지 않으셨어요"(Please Be Patient, God Is Not Finished With Me Yet)라는 의미다. 하나님의 자녀로 신분이 거듭나는 건 한순간이지만, 하나님의 자녀다운 삶으로 거듭나는 건 평생에 걸친 일이다. 바리새인처럼 온전함의 기준을 사람에게 두면 정죄와 교만에 빠지기 쉽지만, 하나님께 두면 긍휼과 은혜를 구하게 된다.

복음전도자 빌리 그레이엄의 아내 루스 그레이엄의 묘비에는 이런 글귀가 새겨져 있다고 한다.

"공사가 끝났습니다. 참아 주셔서 감사합니다."

멀쩡하게 보이는 사람도, 알고 보면 다 '공사 중'이다.

그러므로 하늘에 계신 너희 아버지의 온전하심과 같이 너희도 온전하라. _마태복음 5:48

나를 위해 싸워 준다는 것

하나님의 손보다 내 주먹이 더 가깝다고?

힘도 인맥도 없는 사람은 당하면서 살기 쉽다. 구약시대에는 '고아와 과부와 나그네'가 그런 사람들이었다. 스스로를 보호할 힘이 없거나 누군가에게 도움을 요청할 수조차 없는 사람은 갑질의 대상이 되기 마련이다. 하나님의 손보다 내 주먹이 더 가깝다고 하는 사람들이 수두룩한 걸 보면, 종종 하나님의 침묵이 야속하게 느껴진다.

억울하고 분한 일을 당했는데 하소연할 데도 없을 때, 누군가가 "넌 빠져 있어. 내가 해결할게"라고 말해 준다면? 일상에 구원이 임하는 순간일 것이다. 나는 일찍이 동네 놀이

터에서 일상에 구원이 임하는 걸 경험했다. 어릴 때 누구에게 맞고 다니지는 않았지만, 하루는 동네에서 꽤 거친 녀석에게 맞은 적이 있었다. 초등학교 6학년쯤이었을 것이다. 여느 날과 다름없이 그날도 친구 서너 명과 동네 놀이터에서 미니 야구를 하고 있었다. 한 사람이 공을 던지면 다른 한 사람이 배트로 공을 치는 방식이었다. 그런데 학교에서 주먹깨나 쓰는 녀석이 나타나 자기도 껴 달라며 훼방을 놓았다. 급기야 공을 가로채고는 동네 아이들이 보는 앞에서 연습구를 던지기 시작했다.

어디서 우리 동생을

야구라면 나도 동네에서 밀리지 않았다. 나름대로 공을 잘 던지고 잘 쳤다. 녀석이 또래에선 볼 수 없는 빠른 공을 던지며 으스댈 때, 나는 매의 눈으로 공의 스피드와 높낮이를 관찰했다. 공이 빠르긴 했지만 왠지 칠 수 있을 것 같았다. 동네 야구에선 직구밖에 없었기 때문이다. 이것은 아무리 공이 빨라도 배트만 제때 휘두르면 승산이 있다는 걸 의미했다. 콧대 높은 녀석에게 본때를 보여주고 싶었다. 연습 투구를 마친 녀석은 나에게 타석에 들어오라고 손짓했다.

땅―

"와, 홈런이다. 홈런!"

나는 빠르게 날아오는 공을 보란 듯이 놀이터 밖으로 날려 버렸다. 아직도 그 장면이 눈앞에 생생하다. 녀석의 공이 빨랐던 만큼 반발력도 컸던지 생각했던 것보다 멀리 날아갔다. 놀이터 밖으로 날려보냈기 때문에 장외 홈런이었다. 여기저기서 몰려든 아이들이 "우와" 하고 탄성을 질렀다.

녀석은 홈런을 얻어맞고 창피했는지 행패를 부리기 시작했다. 동네 아이들이 보는 앞에서 나를 욕하고 주먹질하며 윽박질렀다. 억울하고 분한 나는 씩씩거리며 집에 들어왔다. 집에 있던 두 살 위 형이 "왜 그래? 누가 때렸어?"라고 묻길래 자초지종을 설명했다. 영웅은 난세에 난다고 했던가?

"이 XX가! 어디서 우리 동생을…."

형은 말릴 새도 없이 놀이터로 달려나갔다. 형의 뒷모습이 그렇게 멋있을 수 없었다. 늘 내 라면에 젓가락만 얹는 악당인 줄 알았는데, 그날은 진짜 친형이라는 사실이 피부에 와닿았다.

정글 같은 세상에서 앞뒤 가리지 않고
나를 위해 싸워 줄 누군가가 있다는 건
위로를 넘어 가슴이 웅장해지는 일이다.

너희는 빠져 있어! 내가 해결할게!

피를 나눈 가족은 싸울 능력이 있든 없든 개의치 않는다. 가족을 건드린 사람에게 일단 달려들고 본다. 결과는 그다음에 생각할 문제다. 가족이란 게 그렇다.

"누가 우리 아들, 우리 딸 건드렸어? 너야?"

정글 같은 세상에서 앞뒤 가리지 않고 나를 위해 싸워 줄 누군가가 있다는 건 위로를 넘어 가슴이 웅장해지는 일이다. 돈을 벌기 위해 싸우는 용병 같은 사람들은 더 얻어 낼 게 없다고 생각되면 전장에서 미련 없이 돌아선다. 하지만 가족은 끝까지 남아 함께 최후를 맞이한다. 역시 피로 맺은 관계는 돈으로 맺은 관계와 질이 다르다.

가족은 무언가 얻어낼 게 있어서 대신 싸워 주는 사람이 아니다. 그냥 아들이고 딸이기 때문에, 그냥 형제자매이기 때문에 참전한다. 가족에게 '그냥'이라는 말은 '그냥'이 아니다. 거기에는 말하지 않아도 통하는 많은 사연과 감정이 농축되어 있다.

"여호와께서 너희를 위하여 싸우시리니 너희는 가만히 있을지니라"(출 14:14).

출애굽한 이스라엘 백성이 홍해를 앞두고 궁지에 몰렸을

때, 하늘 아버지께서 하신 말씀이다. 한마디로 이런 뜻이다.

"너희는 빠져 있어! 내가 해결할게!"

나를 위해 싸운다는 건 그만큼 나를 사랑한다는 뜻이다. 하늘 아버지께서 나를 위해 싸워 주신다고 생각하니 마음이 뭉클하면서도 든든하다.

여호와께서 너희를 위하여 싸우시리니 너희는 가만히 있을지니라. _출애굽기 14:14

헤아려 주는 일

해도 해도 너무하네

10년 전쯤으로 기억한다. 하루는 볼 일이 있어 세무서를 찾아갔다. 평일 오전 시간이라 세무서 안에는 한 손으로 꼽을 정도의 사람들밖에 없었다. 이 정도면 금방 일을 보고 갈 수 있겠다는 생각이 들었다. 해당 창구에는 먼저 온 민원인이 앉아 있었다. 번호표를 뽑고 기다리는데, 시간이 꽤 흘렀는데도 먼저 온 민원인은 일어날 기미가 보이지 않았다. 다행히 그날은 다른 약속이나 일정이 없었.

'그래. 시간도 많은데 조금 더 기다리지 뭐.'

시간이 더 흘렀다. 슬슬 이건 해도 해도 너무하다 싶었다. 눈을 들어 해당 창구를 바라봤다. 처음에는 민원인에게 문제가 있는 줄 알았는데, 자세히 보니 창구 직원에게 문제가 있는 것 같았다. 민원인은 단단히 뿔이 났고, 창구 직원은 당황하며 어쩔 줄 몰라했다. 시간이 얼마나 더 지났을까? 드디어 딩동 하고 내 차례가 되었다. 자리에 앉자마자 직원이 나지막한 소리로 인사를 건넸다.

"시간이 오래 걸렸죠? 죄송합니다. 무슨 일로 오셨나요?"

나는 준비해 온 서류와 신분증을 건넸다. 직원은 "잠깐만 기다려 주세요"라는 말을 남기고, 이리저리 서류를 살피기 시작했다. '잠깐만'이라는 말이 무색할 정도로 시간은 다시 하염없이 흘렀다. 슬슬 짜증이 나려던 차에 지하철을 타고 오면서 읽은 책의 한 대목이 생각났다. 내용은 이랬다.

한 아버지가 아이들을 데리고 기차를 탔다. 얼마 지나지 않아 아이들은 기차 안에서 밀고 당기면서 장난을 쳤다. 참다못한 아주머니 승객이 아이들의 아버지에게 버럭 화를 냈다.

"애들이 기차에서 떠들잖아요. 조용히 좀 시키세요."

넋 나간 얼굴로 차창 밖만 바라보던 아버지는 그제야 정신을 차린 듯 사과했다.

"미안합니다. 아이들이 지금 막 엄마의 장례식을 치르고

오는 길이라 마음이 가라앉지 않아 그런가 봅니다. 정말 미안합니다."

이 말을 들은 승객들은 숙연해졌고, 이내 다른 눈으로 아이들을 바라보게 되었다. '패러다임 시프트'(발상의 전환)와 관련해서 나온 이야기였던 것으로 기억한다.

그래, 무슨 사정이 있겠지

그 이야기를 떠올리면서 '그래, 무슨 사정이 있겠지' 하며 마음을 진정시켰다. 시간이 얼마간 더 흐르고, 갑자기 직원이 내 앞으로 고개를 숙이더니 들릴락 말락 한 목소리로 말을 건넸다.

"선생님, 정말 죄송합니다. 제가 다른 부서에 있다가 이곳에 발령을 받았어요. 괜찮으시다면 서류를 살핀 다음에 연락을 드려도 될까요?"

"아, 네. 그렇게 하세요. 그럼 연락 기다리겠습니다."

"정말 감사합니다. 내일까지는 선생님의 휴대폰으로 연락드리겠습니다. 정말 죄송합니다."

자리에서 일어나 세무서 로비로 나오는데 아차 싶었다. 직원에게 신분증을 돌려받지 못한 것이다. 로비 자판기에서 캔 음료를 하나 뽑아 다시 창구로 발걸음을 돌렸다. 그러자 직원이 기다리고 있었다는 듯이 민망한 표정으로 신분증을 건넸다.

"선생님, 죄송합니다. 제가 경황이 없어서요."
"그럴 수도 있죠. 더운데 이거 하나 드시고 하세요."
"감… 감사합니다."

"어디 한번 걸리기만 해 봐라"고
벼르는 세상에서
상대방을 한 번이라도 헤아려 준다면
꽤 멋진 일이 될 것이다.

나를 좀 헤아려 주세요

지하철에서 '패러다임 시프트' 이야기를 읽지 않았다면, 그날 급한 약속이 잡혀 있었다면, 나는 어떤 반응을 보였을까? 못마땅한 눈으로 그 직원을 바라봤을 게 분명하다. 멀쩡한 사람도 급한 일로 마음이 쫓기면 신경이 곤두서고 날카로워진다. 회사에 출근해야 하는데 아침에 늦잠을 잤다고 생각해 보라. 다급한 마음에 다른 사람이 눈에 들어오겠는가? 이럴 때 누가 건드리면 폭발한다.

삶이 각박하면 마음도 각박해진다. 마음에 여유가 없으면 나 혼자 먹고살기도 벅차게 느껴진다. 그러면 주변에서 무슨 일이 일어나고 있는지 도통 신경 쓸 겨를이 없다. 시선이 나를 벗어나지 못한다. 세상에 사연 없고 아픔 없는 사람은 없다는데, '그래, 무슨 사정이 있겠지' 하는 마음으로 바라보는 것도 필요하지 않을까? "어디 한번 걸리기만 해 봐라"고 벼르는 세상에서 상대방을 한 번이라도 헤아려 준다면 꽤 멋진 일이 될 것이다.

그러므로 무엇이든지 남에게 대접을 받고자 하는 대로 너희도 남을 대접하라. 이것이 율법이요 선지자니라. _마태복음 7:12

왜 우리는 칭찬에 인색할까?

칭찬에는 인색하고 위로에는 헤프다?

야구에서 '타격 능력, 장타력, 주력, 수비력, 송구 능력'을 모두 갖춘 선수를 가리켜 '5툴(tool) 플레이어'라고 부른다. 5툴 플레이어는 야구선수라면 누구나 선망하는 대상이다. 같은 맥락에서 구약성경 욥기에 나오는 욥도 '5툴 신앙인'이었다고 해도 과언이 아니다. 까닭 모를 고난이 들이닥치기 전까진 말이다. 그는 신앙, 가정, 건강, 재물, 성품, 어느 것 하나 빠진 데가 없었다. 훌륭한 신앙을 가진 데다 몸도 건강하고 가정도 평안했다. 말썽 부리는 자식도 없었다. 게다가 그는 엄청난 수의 가축을 거느린 큰 부자였다.

그런 욥이 하루아침에 재산과 자녀들을 잃는 불상사를 당한다. 자신도 병든다. 그러자 기다렸다는 듯이 세 친구가 나타나 그를 위로한다.

"사람들은 칭찬에 인색하면서 위로에는 더할 나위 없이 헤프다. 마치 안 되기를 바랐던 것처럼."

작가 신준모가 『다시』(프롬북스, 2015)에서 한 말이다. 욥의 세 친구를 보면서 왜 이 말이 생각났던 것일까? 그들이 위로한답시고 찾아와 구구절절 늘어놓는 말들이 헤프다 못해 선을 넘었기 때문이다. 그 말들은 불행을 당한 친구를 오히려 정죄하고 있었다.

칭찬받으면 교만해진다고?

우리는 다른 사람이 잘되기를 바란다. 하지만 그건 어디까지나 내가 그 사람보다 조금이라도 더 잘될 때의 얘기다. 핏줄을 나눈 형제나 세상에 둘도 없는 친구라고 해도 승승장구 잘나갈 때, 마음을 다해 칭찬하기가 쉽지 않다. 입으로는 칭찬해도 마음까지는 잘 실리지 않는다.

우리는 자기 자신을 칭찬하는 데도 서툴다. 특히 그리스도인들이 그렇다. 정확히 말하자면, 자신을 정죄하는 데는

> 사람들에게 잘 보여서 칭찬받으려고 하는 게 문제지
> 하나님께 칭찬받으려고 하는 건 문제되지 않는다.

능숙하지만 칭찬하는 데는 미숙하다. 대부분이 '나는 죄인입니다'라는 인식이 깊이 뿌리박혀선지 '칭찬하면 교만해져서 못쓴다', '칭찬은 하나님께만 돌리는 것이다'라고 생각하는 것 같다. 이 땅에서 칭찬을 들으면 '천국에서 받을 상이 없다'면서 입단속을 시킨다. 하지만 칭찬과 박수가 장차 받을 상과 관련되어 있다면, 비난과 정죄는 심판과 관련되어 있다. 그러니 제대로 칭찬하고 박수 치는 것이 비난하고 정죄하는 것보다 백 배 천 배는 낫다. 때로는 자신의 수고를 하나님 앞에 꺼내 놓고 "하나님, 저 잘했죠?"라고 자랑해도 괜찮다. 느헤미야도 자신의 수고와 헌신을 다른 사람은 몰라 줘도 하나님만은 기억해 달라고 기도했다.

"내 하나님이여 이 일로 말미암아 나를 기억하옵소서"(느 13:14).

사람들에게 잘 보여서 칭찬받으려고 하는 게 문제지 하나님께 칭찬받으려고 하는 건 문제되지 않는다. 칭찬 자체가 나쁜 게 아니다. 칭찬은 고래도 춤추게 한다고 하지 않는가?

칭찬과 축하가 더 복된 일

잠언을 보면 칭찬으로 사람을 단련한다는 이상한 말씀이 나온다(잠 27:21). 메시지성경에서는 이 구절을 "사람의 순수함은 조금만 이름이 나면 알 수 있다"라고 번역한다. 칭찬받을 때 어떻게 반응하는지 보면 그 사람의 됨됨이를 알 수 있다는 뜻이다. 다른 사람이 칭찬을 받을 때도 마찬가지다. 다른 사람이 칭찬받을 때 보이는 나의 반응이 곧 나의 수준을 드러낸다.

우리 안에는 친구가 잘되기를 바라는 마음과 바라지 않는 마음이 공존한다. 나보다 더 행복해 보이는 사람을 볼 때면, 이 양가감정이 치고받고 싸운다. 하지만 다른 사람을 칭찬한다고 해서 내가 더 바보가 되는 건 아니다. 더군다나 내가 받을 상을 '빼앗기는' 것도 아니다. 잘 보이기 위해 마음에도 없는 칭찬을 하자는 건 아니다. 그건 아부다. 누군가 안되었을 때 진심으로 위로하는 것도 중요하지만, 누군가 잘되었을 때 마음껏 칭찬하고 축하하는 건 더 복된 일이다. 나만 잘되기를 바라고, 나만 칭찬받으려는 마음이 결국 나를 병들게 하고 공동체를 무너뜨린다.

도가니로 은을, 풀무로 금을, 칭찬으로 사람을 단련하느니라. _잠언 27:21

의외로 괜찮은 사람이 되고 싶다

변하니까 사람이다

"사람은 고쳐 쓰는 게 아니다."

사람이 기계나 물건도 아닌데도 오늘날 이런 말이 설득력을 얻는다니 왠지 씁쓸하다. 사람에게 제대로 덴 적 있는 사람일수록 이 말을 절대 진리라고 믿는 것 같다. 사람에게 실망하면 우리는 그에게서 희망을 거둬들이고, 대신 그 자리에 가시울타리를 세운다. 그리고 속으로 다짐한다.

'이제는 아무나 함부로 믿지 않을 거야.'

사람은 쉽게 변하지 않는다. 지독하리만큼…. 하지만 변하지 않으면 사람이 아니다. 변하니까 사람이다. 사람은 고유한 DNA를 가지고 태어나는데, 그건 저마다 고유한 성격과 기질을 타고난다는 뜻이기도 하다. 타고난 성격과 기질은 가정 환경이나 성장 배경을 통해 강화되거나 약화된다. 약화되더라도 내면에 잠재되어 있을 뿐 소멸하지는 않는다. 사람을 오랜만에 보면 몰라보게 달라졌다고 느낄 때가 있다. 못 본 사이에 수많은 사건 사고들이 일어났고, 그 충격이 켜켜이 쌓여 한 사람의 생각이나 내면에 파장을 일으킨 까닭이다. 대개는 성격이 변했다기보다 성품이 변한 쪽에 더 가깝다. 성격은 타고나지만 성품은 빚어지기 때문이다.

의외로 다정하시네요

어렸을 땐 다른 사람에게 지는 것을 유난히 싫어했다. 손해 보는 것은 상상조차 하기 싫었다. 어떻게든 이겨야 직성이 풀렸고, 하나라도 더 손에 쥐어야 성에 찼다. 이런 성격은 고집으로 나타났다. 고집을 부릴수록 사람들은 나를 덜 건드렸지만 그만큼 더 뒤로 물러났다.

"의외로 다정하시네요."

수년이 흘러 목회자가 된 지금, 심심찮게 듣는 말이다. 햇살 좋은 어느 토요일, 한 가정에 심방을 간 적이 있었다. 심방을 받은 집사님은 처음에는 조심스러워하더니 점점 마음이 놓이는지 속마음까지 털어놓으셨다. 다음날 주일, 교회 사무실 책상 위에 예쁜 편지와 함께 작은 선물이 놓여 있었다. 펜으로 꾹꾹 눌러쓴 손편지였다.

"처음에는 목사님이 딱딱하고 멀게만 느껴졌는데, 심방 후에는 생각이 완전히 달라졌습니다. 의외로 다정다감해서 놀랐습니다."

이런 말을 처음 들었을 땐 '아니, 평소에 나를 어떻게 봤길래' 하는 생각이 들었다. 그때마다 거울을 봤는데, 거기에는 편하게 다가가기엔 조금 부담스러운 한 사람이 서 있었다. 그래도 "생각보다 까칠하시네요", "알고 보니 별로네요" 하는 말보다 더 낫다고 생각했다.

제어 가능한 상태

그리스도 안에 있으면 모든 것이 새로운 피조물로 거듭날 줄 알았다. 신분이 죄인에서 의인으로 단번에 변한 것은 맞지만, 성격까지 금세 새롭게 되지는 않았다. 쉽게 바뀌지 않는 성격은 신앙생활을 할수록 딜레마로 다가왔다. 예수님을 믿어도 성격은 그린벨트에 묶인 땅처럼 좀처럼 개발될

기미가 보이지 않았다.

그러던 어느 날 베드로는 다혈질적으로 믿었고, 도마는 의심하면서 믿었으며, 바울은 논리적으로 믿었다는 사실이 눈에 들어왔다. 우리는 믿어도 꼭 자기 성격과 기질대로 믿는다. 비록 타고난 성격과 기질은 잘 바뀌지 않지만, 예수님과 동행하는 사람이라면 그분을 닮은 성품이 나타나게 마련이다. 이 성품이 타고난 성격과 기질을 제어 가능한 상태로 만든다.

모세가 산 증인이다. 그는 지면의 모든 사람보다 온유함이 더했다는 평가를 받았다(민 12:3). 모세의 혈기왕성하고 쉽게 흥분하는 성격과 기질을 안다면 의아하게 느껴지는 구절이다. 그런데 여기에서 말하는 온유함은 부드럽고 상냥하다는 의미가 아니라, 야생마가 고삐로 잘 제어된 상태를 가리킨다. 길길이 날뛰던 모세도 점점 하나님의 손에 길들어 제어 가능한 사람이 되었다.

성화란 내 안에 계신 예수님으로 인해, 그분 안에서 제어 가능한 상태가 되는 일련의 과정이 아닐까? 주님은 우리가 어떤 성격이든 어떤 기질이든 상관하지 않으신다. 까칠해도 괜찮고 물러터져도 괜찮다. 다혈질이어도 괜찮고 소심해도 괜찮다. 우리 안에 계신 그분이 우리를 제어 가능한 상태로 이끄실 테니까. 그분은 별로였던 사람조차 '의외로 괜찮은 사람'으로 만드는 데 전문가시다.

이 사람 모세는 온유함이 지면의 모든 사람보다 더하더라. _민수기 12:3

뒤통수 콤플렉스

뒤통수가 납작해

콤플렉스는 정상적인 사고를 가로막는 특별한 생각이나 심리 상태를 가리킨다. 한때 나는 절벽처럼 납작한 뒤통수가 콤플렉스였다. 뒤통수가 좀 납작한들 뭐가 대수냐고 하는 사람도 있겠지만, 그건 모르고 하는 소리다. 일단 뒤통수가 납작하면 머리 스타일이 살지 않는다. 게다가 머리를 어디에 살짝 기대기만 해도 볼륨이 푹 꺼지는 사태가 발생한다. 누군가 내 뒤에 바짝 서 있기라도 하면 괜히 뒤통수가 근질거린다. 아무튼 뒤통수가 납작하면 이래저래 신경 쓰이는 게 한둘이 아니다. 다행히 우리 집의 세 아들은 아기였을 때, 아내와 장모님이 머리를 앞뒤 좌우로 골고루 뉘어 준 덕분에 두상이 동글동글하니 예쁘다.

언젠가 성도들에게 말씀을 전하면서 내 뒤통수가 납작하다는 고백을 한 적이 있었다(콤플렉스를 내 입으로 고백했다는 건 그만큼 극복했다는 뜻이다). 그러자 다들 웃으면서 그런 줄 몰랐다는 반응이었다. 내가 고백하기 전까지는 아무도 눈치채지 못했다고 한다. 사실 얼굴은 유심히 봐도 뒤통수를 궁금해하며 들여다보는 사람은 없다. 그런데도 나 혼자 뒤통수에 신경 쓰면서 피곤하게 산 것이다. 사람들은 생각보다 내게 관심이 없다.

두 종류의 다른 콤플렉스

콤플렉스 하면, 구약성경 사무엘상에 나오는 한나와 브닌나가 생각난다. 영적 암흑기로 불리던 사사 시대 때 있었던 일이다. 엘가나라는 사람에게 두 명의 부인이 있었다. 한나와 브닌나. 브닌나가 자식을 낳은 후 자식을 낳지 못한 한나를 괴롭혔다. 명절 때만 보는 사이라면 잠시 참으면 그만이지만, 둘은 한 지붕 아래에서 함께 살았다. 그렇다. 한나는 자식이 없다는 이유로 날이면 날마다 괴롭힘을 당했다.

한나만 자식을 낳지 못한 콤플렉스를 가지고 있었던 건 아니다. 브닌나도 콤플렉스에 빠져 살기는 마찬가지였다. 남편 엘가나는 한나를 사랑하고 배려하는 마음이 특별했다. 브닌나가 한나를 집요하게 괴롭힌 건, 남편에게 더 사랑받지 못한 서운함과 질투 때문이었다. 그것이 한나를 향한 분노와 시기로 나타난 것이다. 브닌나는 한나의 치명적인 약점을 물고 늘어지면서 자신의 콤플렉스를 해소하고자 했다.

　한나도 '눈에는 눈, 이에는 이'로 브닌나의 콤플렉스를 물고 늘어질 수 있었다. 그도 아니면 아브라함의 아내 사라처럼 브닌나와 그의 자식을 내쫓으라고 남편을 달달 볶을 수도 있었다. 하지만 한나는 둘 다 망하는 길을 선택하지 않고 '여호와의 집'으로 올라간다. 거기서 자신의 원통함을 하나님께 토해 낸다.

나는 기도하던 여자라

나중에 그녀는 자신을 '여호와께 기도하던 여자'라고 표현한다. '괴롭힘을 당하던 여자'가 아니라 '기도하던 여자'로 자신을 표현한 것이다. 나를 어떻게 바라보고 정의하는가는 중요한 문제다. 그 사람의 정체성을 비롯해 내면의 상태가 어떠한지를 보여주기 때문이다. 한나가 서원해서 얻은 사무엘도 이런 어머니의 영향을 받아 '기도하기를 쉬는 것을 죄로 여기는'(삼상 12:23) 기도의 사람이 된다.

"깨진 그릇은 칼날이 된다. 무엇이나 깨진 것은 칼이 된다."

오세영 시인의 〈그릇〉이라는 시의 일부다. 깨져서 날카로운 마음은 찌르고 벤다. 브닌나처럼 그릇된 방법으로 콤플렉스에 접근하면 극복하기는커녕 애꿎은 사람만 잡는다. 그러나 한나처럼 콤플렉스를 건강하게 극복하면, 그 일로 하나님의 선하심을 드러낼 수 있다. 쓰임을 받아도 이런 사람이 더 많은 사람을 담는 그릇으로 쓰인다.

한나가 이르되 내 주여 당신의 사심으로 맹세하나이다. 나는 여기서 내 주 당신 곁에 서서 여호와께 기도하던 여자라. _사무엘상 1:26

넌 나에게 모욕감을 주었어

저한테 왜 그랬어요?

선우(이병헌): 저한테 왜 그랬어요? 말해 봐요. 저한테 왜 그랬어요?

강 사장(김영철): 넌 나에게 모욕감을 주었어.

선우(이병헌): 아니, 그런 거 말고 진짜 이유를 말해 봐요. 저 진짜 생각 많이 해봤는데, 저 정말 모르겠거든요. 말해 봐요. 우리 어떻게 하다 이렇게 된 거죠? 말해 봐요. 저 진짜로 죽이려고 그랬습니까? 나 진짜로 죽이려고 그랬어요? 7년 동안 당신 밑에서 개처럼 일해 온 날! 말 좀 해 봐요. 무슨 말이든지 좀 해 봐.

영화 〈달콤한 인생〉에 나오는 대사다. 선우는 보스가 왜 자신을 그토록 죽이려 했는지 이유를 몰라 미칠 지경이었다. 그런 선우에게 강 사장은 죽일 수밖에 없는 그럴듯한 이유는 제시하지 않고 "넌 나에게 모욕감을 주었어"라고만 짧게 대답한다. 선우는 그 대답이 성에 차지 않았는지 연신 진짜 이유를 말해 보라고 다그친다. 선우는 모욕감이 빌미가 되어 7년 동안 개처럼 일해 온 자기를 강 사장이 죽이려 했다는 사실이 도무지 믿기지 않았다.

우리는 겉으로는 그럴듯한 명분을 내세우며 대의를 위해 싸운다고 말한다. 그런데 내막을 들여다보면, 옳고 그름보다는 복잡 미묘한 감정 때문에 치고받고 싸우는 일이 더 많다. 명분은 어디까지나 자기 합리화를 위한 명분일 뿐, 그 이면에는 복잡 미묘한 감정이 깔려 있다. 얽히고설킨 감정일수록 그냥 사라지지 않는다. 대개는 끈질기게 살아남아 누군가에게 꼭 분풀이를 하게 된다. 우리의 내면은 배출되지 않은 채 떠다니는 감정들로 가득하다. 특별히 서운하거나 상한 감정일수록 공소 시효에 적용받지 않는다. 복수에 유효 기간이 없는 것과 같다.

자존심이 구겨지면

하루는 다윗이 아버지 이새의 심부름으로 형들이 있는 전쟁터로 달려간 일이 있었다. 맏형 엘리압은 그런 다윗에게 고마움을 느끼기는커녕 느닷없이 분통을 터뜨린다. 왜 그랬을까? 그는 앞서 사무엘 선지자에게 선택받지 못했고, 평소 자기보다 못하다고 생각해 온 다윗한테 밀린 적이 있었다. 사무엘이 한눈에 반할 정도로 준수했던 엘리압으로선 체면을 구기고 자존심이 상하는 일이었다.

우리의 자존심이 최대로 구겨지는 두 가지 경우가 있다. 하나는 나와 비슷한 사람이 나보다 잘나갈 때고, 다른 하나는 나보다 못하다고 생각한 사람이 나보다 잘나갈 때다. 우리는 나보다 잘난 사람이 잘나가는 것은 당연하게 받아들여도, 나보다 못한 줄 알았던 사람이 나보다 잘나가는 꼴은 죽어도 못 본다. 인서울(in Seoul) 대학을 나온 사람은 지방대 나온 사람이 잘나가는 꼴을 못 보고, 정규직은 비정규직이 승승장구하는 꼴을 못 본다. 눈꼴시면 뒤에서 온갖 험담과 비방을 일삼는 일이 벌어진다.

부정적인 감정은 시한폭탄이다

그런데 엘리압이 동생 다윗을 보고 분통을 터뜨린 모습은 골리앗이 다윗을 보고 분통을 터뜨린 모습과 유사하다. 골리앗은 블레셋이 자랑하는 최고의 장수였다. 적어도 그를 상대하려면 그만한 장수가 나와야 했다. 그게 전장의 예의였다. 하지만 그를 상대하러 나온 사람은 다름 아닌 양치기 소년 다윗이었다. 그것도 비무장인 채로 말이다. 골리앗은 이스라엘이 자기를 모욕하기 위해 일부러 앳된 소년을 내보

부정적인 감정은 아직 터지지 않은 불발탄과 같아서, 특별히 주의해서 관리하지 않으면 언제 터질지 모르는 시한폭탄이 된다.

낸 줄 알고 분개한다.

아버지의 심부름으로 전쟁터에 달려온 다윗이지만, 그에게 돌아온 건 형 엘리압의 문전박대였다. 다윗은 신경질적으로 반응하는 형을 도무지 이해할 수 없었다. 만약 형 엘리압이 강 사장이 선우에게 했던 것처럼 "넌 나에게 모욕감을 주었어"라고 말했다면, 다윗은 과연 어떤 반응을 보였을까?

감정 중에서도 부정적인 감정을 잘 관리하지 않으면 사탄의 노리개가 되고 만다. 그러면 아군과 적군을 가리지 않고 총을 난사하게 된다. 부정적인 감정은 아직 터지지 않은 불발탄과 같아서, 특별히 주의해서 관리하지 않으면 언제 터질지 모르는 시한폭탄이 된다. 감정이 폭발하면 주변이 쑥대밭이 되는 건 시간문제다. 물론 가장 큰 피해는 내가 입는다.

큰형 엘리압이 다윗이 사람들에게 하는 말을 들은지라. 그가 다윗에게 노를 발하여 이르되 네가 어찌하여 이리로 내려왔느냐. 들에 있는 양들을 누구에게 맡겼느냐. 나는 네 교만과 네 마음의 완악함을 아노니 네가 전쟁을 구경하러 왔도다. _사무엘상 17:28

03

마음이 흔들리는
그리스도인에게

외모가 능력이자 경쟁력이라고 말하는 세상이다.
이런 풍조 속에서 하나님께서
외모가 아닌 중심을 봐 주신다는 건,
나 같은 사람에게는 커다란 위로요 희망이다.

엉뚱하고도 기발한 방식

중심을 봐 준다는 것

'사랑' 하면 달콤한 로맨스를 떠올린다. 나도 그랬다. 아내와 나는 작은 선교단체에서 만나 결혼했다. 운명적인 사랑은 서로를 한눈에 알아보고, 눈에선 스파크가 파바박 튄다고들 하던데, 우리에게 그런 반응은 일어나지 않았다. 아내는 나를 선택할 때 외모가 아닌 중심을 봤다는 말을 자주 한다. 그러면 어디 가서 그런 소리 함부로 하는 거 아니라고 입단속을 시킨다. 얼굴은 조금도 보지 않고 결혼했다는 말로 들릴까 싶어서다. 이어서 아내에게 진담 반, 농담 반으로 간청한다.

"믿음 없다는 얘길 듣더라도 얼굴 보고 결혼했다고 말하면 안 돼요?"

팩트 체크를 해 보면, 아내의 말이 맞다. 아내가 나를 배우자로 선택할 이유는 내가 봐도 아무것도 없었다. 나는 내세울 만한 구석이 없다. 부유한 집안에서 태어난 것도 아니고, 명문대를 나온 것도 아니다. 부모님의 신앙이 좋은 것도 아니다. 아내와 결혼할 당시만 해도 부모님은 이제 막 신앙생활을 시작한 초신자였다. 지금 돌아보면, 아내가 나를 선택할 때 엄청난 믿음이 필요했을 것 같다. 아내는 외모가 아닌 중심을 봤다고 하지만, 자수하자면 내 중심도 그렇게 변변치는 않다. 여전히 말에는 가시가 박혀 있고, 행동에는 혈기가 배어 있다. 그런데도 아내가 외모가 아닌 중심을 본 덕분에 나는 솔로에서 구원받고 결혼까지 할 수 있었다.

다윗도 무명이었다

성경에는 믿음의 인물이 많이 등장한다. 나는 그중에서도 다윗을 좋아한다. 다윗 역시 골리앗과 대결하기 전까진 무색무취로 존재감 없이 살았다. 외모로 보나, 연륜으로 보나, 덩치로 보나 왕 사울이나 형 엘리압에 비할 바가 되지 못했다. 특히 엘리압은 기도의 사람 사무엘조차 넘어갈 정도로 뛰어난 외모를 자랑했다. 학벌이나 스펙 등 외적 조건으로만 본다면 다윗은 자격 미달이었다. 하지만 하나님은 어디하나 빠진 구석이 없는 것 같은 엘리압을 선택하지 않으셨다. 대신 여기저기 빠진 구석이 많아 보이는 말째 다윗을 선택하셨다. 다윗은 양을 치는 중에 갑자기 부름을 받고 사무엘 앞에 섰다. 양과 함께 지내다가 급하게 달려온 것이다. 꾀죄죄한 모습에 역한 냄새까지 풍기지 않았을까 싶다. 그러나 하나님은 초라한 모습이나 역한 냄새를 넘어 다윗의 중심을 봐 주셨다.

그 너머를 보시는 하나님

결혼해서 일산에 살 때, 한동안 지하철 3호선을 타고 다녔다. 3호선은 일산에서 강남을 오가는 지하철이다. 강남에는 성형외과가 몰려 있다. 그러다 보니 성형 수술을 권하는 광고가 지하철 칸마다 붙어 있었다. 하나같이 성형만 하면 새로운 인생을 살 것처럼 묘사해 놓았다. 그중에는 웃기면서 한편으로는 서글픈 광고 문구도 있었다.

"부모님 날 낳으시고, 선생님 날 가르치시고, 원장님 날

거듭나게 하셨네!"

외모가 능력이자 경쟁력이라고 말하는 세상이다. 이런 풍조 속에서 하나님께서 외모가 아닌 중심을 봐 주신다는 건, 나 같은 사람에게는 커다란 위로요 희망이다. 우리는 그럴듯한 외모에 쉽게 속는다. 집안, 학벌, 스펙 같은 외모를 더 신뢰한다. 그러나 하나님은 외모를 따라 일하지 않으신다. 그 너머를 보신다. 그리고 엉뚱하고 기발한 방식을 따라 일하신다. 성경은 이것을 전문 용어로 '중심'이라고 부른다. 그렇다. 하나님은 외모가 아니라 중심을 따라 일하신다. 실력 이전에 믿음을 보신다. '놀라운 은혜'가 아닐 수 없다. 참고로, 내 휴대폰에 저장되어 있는 아내의 별칭도 '하나님의 은혜'다.

다윗 왕이 여호와 앞에 들어가 앉아서 이르되 주 여호와여 나는 누구이오며 내 집은 무엇이기에 나를 여기까지 이르게 하셨나이까. _사무엘하 7:18

이대로 살 자신이 없었다

이대로는 안 되겠다

아직도 그날의 새벽을 잊을 수 없다. 사람마다 인생의 터닝 포인트가 있다고 하던데, 내게는 그날이 그런 순간이었다. 새벽기도를 마치고 홀로 사무실에 앉았는데, 나도 모르게 외마디 탄식이 터졌다.

"이대로는 안 되겠다."

고개를 떨구고 뭉크의 〈절규〉처럼 머리를 움켜쥔 채 좀처럼 얼굴을 들지 못했다. 길게 한숨을 내쉰 끝에 결심했다. 오늘부터 꾸준히 글쓰기 연습을 하겠노라고. 목사 안수를 받은 지 얼마 되지 않은 때였다.

오래전부터 말씀 묵상을 해 왔던 터라 개인적으로 말씀을 연구하고 곱씹는 일에는 자신이 있었다. 그때마다 많은 은혜를 누렸고, 이 은혜를 설교로 승화시키면 더할 나위 없이 좋을 것 같았다. 그것은 야무진 꿈에 지나지 않았다. 깨닫고 발견한 은혜를 설교 원고로 옮기는 과정에서 최대 50퍼센트 이상 증발해 버렸기 때문이다. 공대 출신인 데다 신학교에서도 설교학만 배웠지 어디서도 글쓰기를 배운 적은 없었다. 앞으로 한국 교회의 목회자로 살아가려면 물밀듯이 밀려오는 설교를 감당할 수 있어야 하는데, 매번 설교 원고를 쓰는 일로 전전긍긍할 순 없었다. 평생을 그렇게 살 자신이 없었다. 탄식과 절규가 교차할 때, "이대로는 안 되겠다"는 말이 터졌다.

답 없는 삶으로 돌아갈 순 없었다

처음에는 글을 쓰면 어느 정도 써질 줄 알았다. 생각이 그대로 지면으로 옮겨지는 줄 알았다. 의욕은 좋았지만 글이 술술 써지는 건 고사하고 매번 글감과 영감이 떠오르지 않아 애를 먹었다. 동원하고 활용할 수 있는 어휘력의 빈곤도 심각했다. 왜 철학자 루트비히 비트겐슈타인이 "언어의 한

계는 세계의 한계다"라고 말했는지 실감했다. 하지만 포기하고 싶을 때마다 귀에 메아리치는 소리가 있었다.

"이대로는 안 되겠다."

정신이 번쩍 들었다. 다시 예전의 답 없는 삶으로 돌아갈 순 없었다. 만약 나에게도 남들처럼 특출난 무언가가 있었다면 글쓰기를 빨리 포기했을지도 모른다. 그런데 내게는 눈을 씻고 찾아봐도 특별한 무언가가 없었다. 있는 거라곤 오기와 끈기와 노력뿐이었다.

당시 나는 낮에는 사역으로, 밤에는 육아로 심신이 말이 아니었다. 그래도 새벽이면 교회 사무실 책상을 '골방' 삼아 말씀 묵상과 독서를 병행하며 글을 썼다. 야곱이 얍복 강가에서 홀로 남아 밤이 새도록 천사와 씨름했던 것처럼, 내게도 글쓰기는 치열한 일이었다. 글쓰기마저 놓치면 끝장이라는 생각이 들 정도로 절박했다. 주변에 누구도 이렇게까지 글을 쓰는 사람은 없었다. 다들 사역하기에도 바쁘고 벅찬데 왜 쓸데없이 글까지 쓰느냐 하는 눈치였다. 그럴 땐 매일 광야를 혼자 걷는 것처럼 쓸쓸하고 씁쓸했다.

새벽기도 후 교회 사무실 책상이 나의 골방이 된 이유는 간단하다. 좁은 집에서 세 아들을 키워야 했기에 나만의 공간이나 시간은 상상할 수도 없었다. 전임 사역을 하면

다윗은 주어진 자리에서
자신이 할 수 있는 걸 했다.
자기에게 없는 것을 불평하지 않고,
있는 것을 갈고닦았다.

서 아들 셋을 키우기란 늘 한계에 도전하는 일이었다. 그렇다고 사역도 육아도 글쓰기도 포기할 순 없었다.

글쓰기라는 물맷돌

하루는 다윗의 전매특허인 물맷돌을 묵상하다가 위로를 받았다. 다윗은 부모님과 형제들 사이에서 존재감 없는 아들이었다. 누구도 양치기 다윗이 물맷돌을 던지는 걸 보면서 칭찬하지 않았다. 그걸 실력이나 능력으로 봐 주는 사람도 없었다. 그런데 다윗은 주어진 자리에서 자신이 할 수 있는 걸 했다. 자기에게 없는 것을 불평하지 않고, 있는 것을 갈고닦았다. 그는 꿈에도 몰랐을 것이다. 그 물맷돌이 훗날 골리앗을 쓰러뜨리는 필살기가 될 줄은 말이다.

내게는 글쓰기가 다윗의 물맷돌과 같다. 보잘것없는 놀도 잘만 갈고닦으면 골리앗을 쓰러뜨리는 필살기가 될 수 있는 걸 보면서 고독한 글쓰기 작업을 꾸역꾸역해 갔다. 처음에는 그저 목회자로서 부족한 점을 메우려고 시작했지만, 그동안 글만 갈고닦은 게 아니란 걸 알았다. 글을 쓰는 지난한 과정에서 나의 모난 성격과 생각까지 연마되었기 때문이다(그나마 연마된 것이 이 정도다). 내면의 상처가 치유

되는 건 덤이었다. 글쓰기라는 물맷돌을 던지기 위해 오늘도 나는 골방에 들어가 불을 켠다.

네가 자기의 일에 능숙한 사람을 보았느냐 이러한 사람은 왕 앞에 설 것이요 천한 자 앞에 서지 아니하리라. _잠언 22:29

기꺼이 내어 준 어깨 덕분에

장차 어떻게 될는지 모른다

저마다 삶에 크고 작은 변화를 가져온 성경 말씀이 있을 것이다. 인생 성구라고 할 수 있는데, 내게는 마태복음 4장 19절과 요한복음 15장 16절이 그렇다. 이와 더불어 마음과 생각에 울림을 준 인생 문장도 있다. 그중에서 두 개만 고른다면, 먼저 아프리카 속담으로 알려진 "한 아이를 키우기 위해서는 온 마을이 필요하다"를 꼽고 싶다. 한 사람이 태어나 성장하기까진 마을 단위에 버금가는 다수의 관심과 돌봄과 헌신이 필요하다. 인간은 건강한 관계 속에서 건강한 성장을 하기 때문이다.

이것은 영적으로도 마찬가지가 아닐는지…. 한 사람이 그리스도인으로 거듭나 믿음의 걸음을 내딛기까지, 더 나아가 사명을 감당하기까지 실로 많은 이들의 사랑과 환대와 헌신이 요구된다. 나 혼자 북 치고 장구 쳐서 지금의 믿음을 구축한 사람은 어디에도 없다. 다 알게 모르게 누군가에게 신세를 지면서 여기까지 온 것이다.

한 사람이 장차 하나님께 어떻게 쓰임 받을지는 아무도 모른다. 오직 하나님만 아신다. 우리는 그저 짐작만 할 뿐이다. 바울도 예수님을 만나기 전까진 핍박자요 폭행자였다. 하지만 예수님을 만난 후로 사도로 거듭나 복음 사역에 한 획을 그은 사람이 되었다. 어느 누가 죄인 중의 괴수가 순교자가 될 줄 알았을까? 바울은 자신의 공로를 자랑하지 못하고, 오히려 자신을 '빚진 자'라고 고백한다. 바울도 안 것이다. 그 모든 것이 예수님께서 십자가를 지신 덕분이자 바나바를 비롯한 많은 이들이 내어 준 어깨 덕분이었다는 사실을….

그렇다. 은혜에 눈을 뜨면 우리의 자랑거리는 뒤로 가고, 하나님의 자랑거리는 앞으로 오는 역사가 일어난다.

우리는 모두 신세를 지며 산다

"내가 멀리 볼 수 있었던 것은, 거인의 어깨 위에 서 있었기 때문입니다."

이것이 나의 두 번째 인생 문장이다. 어느 날 사람들이 만유인력의 법칙을 발견한 아이작 뉴턴에게 물었다.

"어떻게 그런 위대한 발견을 할 수 있었나요?"

그때 뉴턴이 대답한 말인데, 오늘날 영국 파운드화에 새겨져 있다. 사실 뉴턴 정도 되면 우쭐대고 뽐내도 된다. 그런데도 뉴턴은 우쭐대고 뽐내는 대신에 고개를 숙였다. 왜 그랬을까? 자기보다 앞선 선배 과학자들의 업적 덕분에 만유인력의 법칙을 발견할 수 있었음을 알았기 때문이다. 선배들의 업적에 빚지지 않았다면 그는 아무것도 이룰 수 없었을 것이다.

오늘의 작가들이 있기까지 과거의 작가들이 있었고, 오늘의 시인들이 있기까지 과거의 시인들이 있었다. 마찬가지로 오늘 우리의 믿음이 있기까지 지난날 믿음의 선배들이 있었다. 인간은 '빛' 없이 살 수 없는 것처럼 '빚' 없이도 살 수 없다.

"이미 있던 것이 후에 다시 있겠고 이미 한 일을 후에 다시 할지라. 해 아래에는 새 것이 없나니"(전 1:9).

하나님께서 전도자의 입을 빌려 하신 말씀이다. 오직 하나님만 무에서 유를 창조하실 수 있다. 우리는 그저 누군가가 수고하고 노력해서 이루어 놓은 것들에 신세를 지고 '유에서 유'를 창조하며 살아갈 따름이다. 이것이 하나님 앞에서나 사람 앞에서 겸손해야 하는 이유가 아닐까 싶다.

우리 뒤에는 항상 누군가가 있다

나는 복음의 냄새라고는 맡아 본 적 없는 가정에서 태어났다. 뒤늦게 안 사실이지만, 하나님은 내가 예수님을 믿고 목회자가 되기까지 다양한 사람들을 보내 주셨다. 보잘것없는 믿음으로 비틀거릴 때, 형편없는 실력으로 마음이 괴로울 때, 시험과 유혹으로 위태로울 때마다 꼭 필요한 사람들을 내게 붙여 주셨다. 내가 서 있는 믿음의 터에는 그분들이 베풀어 준 헌신과 수고와 인내와 용납이 깔려 있다. 덕분에 나는 주저앉을 뻔한 고비들을 무사히 넘을 수 있었다. 그분들이 기꺼이 내어 준 어깨가 있었기에 나는 그리스도인이 되고 목회자가 될 수 있었다.

세상에는 은행 융자나 카드빚만 있는 게 아니다. 사랑의

세상에는 은행 융자나
카드빚만 있는 게 아니다.
사랑의 빚, 은혜의 빚,
섬김의 빚과 같은 선량한 빚도 있다.

빚, 은혜의 빚, 섬김의 빚과 같은 선량한 빚도 있다. 은행 빚은 사람을 숨막히게 하고 늘 조마조마한 삶을 살게 한다. 하지만 사랑의 빚, 은혜의 빚, 섬김의 빚은 희망의 빛이 되고, 다시 시작할 수 있는 발판이 되기도 한다.

  이제는 조금 알 것 같다. 누군가의 뒤에는 항상 누군가가 있었다는 걸 말이다. 나 역시 누군가에게 어깨를 내어 준 적이 있다면, 아마도 먼저 내게 어깨를 내어 준 이들이 있었기 때문일 것이다.

피차 사랑의 빚 외에는 아무에게든지 아무 빚도 지지 말라. 남을 사랑하는 자는 율법을 다 이루었느니라. _로마서 13:8

유혹 앞에선 비굴해도 괜찮아

피하는 것도 능력이다

가끔 권투 경기를 하이라이트로 보곤 한다. 체급을 가리지 않고 다양한 경기를 보는데, 경기에서 이기려면 적어도 다음 네 가지 능력은 꼭 필요한 것 같다. 펀치력, 방어력, 재기력, 회피력. '권투' 하면 펀치력과 맷집으로 불리는 방어력만 생각하기 쉬운데, 다운되어도 다시 일어나는 재기력도 중요하다. 누워 있는 상태로는 누구도 승리할 수 없으니 승리하려면 일단 다시 일어나고 봐야 한다.

앞의 세 가지 능력은 이유가 그럴듯한데, 회피력은 왜 중요한 것일까? 권투 선수는 섀도복싱과 실전을 통해 상대의 펀치를 회피하는 능력을 기른다. 별거 아닌 것처럼 보이는 잽도 계속 맞다 보면 충격이 누적되기 때문에 어떻게 해서든 덜 맞아야 한다. 잽이 펀치력과 방어력을 야금야금 갉아먹으면, 주먹을 뻗는 횟수가 줄어들고 다리는 천근만근이 된다. 이때 크게 한 방을 맞으면 곧바로 링 바닥을 침대 삼아 드러눕게 될 수 있다.

'회피력' 하면 떠오르는 권투 선수가 있다. 플로이드 메이웨더다. 그는 무패 복서로서 다양한 능력을 갖췄는데, 그중에서 압권은 날아오는 펀치를 피하는 것이다. 펀치를 맞지 않고 요리조리 빠져나가는 걸 보면, 관중의 입장에선 다소 김이 빠진다. 화끈하게 펀치를 주고받고 난타전을 벌여야 재미있는데, 미꾸라지처럼 빠져나가기만 하니 얄미울 수밖에 없다. 다른 선수에 비해 엄청난 펀치력이나 방어력을 갖춘 것은 아니지만, 이리저리 피하면서 상대에게 공격할 기회조차 주지 않는 회피력 하나는 신급에 가깝다.

도망칠 수 있을 때 도망쳐

신앙생활을 여러 가지에 비유하지만, 언제 어디서 문제가 날아들지 모른다는 점에서 권투 경기와 비슷한 점이 많다.

신앙생활을 할 때 상대에게 맞설 수 있는 펀치력과 버틸 수 있는 방어력 그리고 다시 일어나는 재기력은 거듭 강조해도 부족하지 않다. 특히 이 세 가지는 고난과 시험이 찾아왔을 때 유용하다. 그렇다면 회피력은 언제 사용하면 좋을까? 유혹, 특히 성적 유혹이 찾아왔을 때 사용하면 효과 만점이다. 다른 건 몰라도 유혹만큼은 정면 승부가 아니라 요리조리 피하는 게 상책이다.

"도망칠 수 있을 때 도망치고, 망설이거나 유혹에 저항하지도 말라. 다이어트 중이라면, 도넛을 피하라."

랜디 알콘의 『그 길에서 서성이지 말라』(디모데, 2005)에 나오는 말이다. 오래전 혈기왕성한 청년 시절에 읽은 책인데, 아직도 유혹을 생각할 때마다 '그 길에서 서성이지 말라'는 제목이 생각난다. 유혹이 오면 믿음으로 상대해야 한다고 생각하는 사람들이 있다. 그러나 성경 어디에서도 정면 승부하라고 당부하지 않는다. 적어도 성적 유혹은 피하라고, 도망치라고 할 뿐이다.

나는 요셉이 믿음이 없거나 비겁해서 보디발의 아내가 유혹할 때, '걸음아 나 살려라' 하고 도망쳤다고는 생각지 않는다. 하나님의 마음에 쏙 들었던 다윗도, 천하장사 삼손도 유혹에 넘어갔다. 유혹에는 장사가 없다. 유혹을 대하는

유혹을 대하는 가장 좋은 자세는
최대한 '더 빠르게, 더 멀리'
도망치는 것이다.

가장 좋은 자세는 최대한 '더 빠르게, 더 멀리' 도망치는 것이다. 유혹은 요리조리 회피하는 사람에게는 무력하다. 하지만 섣부르게 달려드는 사람은 봐 주는 척하면서 실컷 가지고 논다.

유혹은 회피하는 것

결혼 전에는 혈기왕성하고 호기심 가득한 청년 때만 유혹에 약한 줄 알았다. 결혼하면 그리고 불혹의 나이라는 40세쯤 되면, 유혹에서 좀 더 자유로워질 줄 알았다. 그런데 웬걸, 막상 그 나이를 넘고 보니 그건 어디까지나 이론에 불과하고, 때와 장소를 가리지 않고 평생에 걸쳐 찾아오는 게 유혹이란 걸 알게 되었다. 유혹은 문 앞에 숨어서 우리를 넘어뜨리려고 호시탐탐 노리고 있다.

시험과 고난을 회피하면 답이 없다. 그러나 유혹은 회피하면 답이 보인다. 적어도 유혹 앞에선 비굴할 정도로 도망치는 것이 믿음 좋은 그리스도인의 모습이다. 그런데도 유혹에 자신 있다고, 그만한 믿음이 있다고 자부하는 사람이 있다면, 이 말을 곱씹어 보면 좋겠다.

"내가 유혹에 강한 인간이라 여태 사고 안 친 것 같아?

유혹이 없었던 거야. 그러니까 모르는 거야. 내가 유혹에 강한 인간인지 아닌지."

드라마 〈나의 아저씨〉에서 박동훈으로 나오는 이선균이 한 말이다.

그 여인이 그의 옷을 잡고 이르되 나와 동침하자. 그러나 요셉이 자기의 옷을 그 여인의 손에 버려두고 밖으로 나가매. _창세기 39:12

쪽팔릴 줄 알아야 그리스도인이다

얼굴은 감정이 노출되는 광고판이다

"당신은 얼굴에 좋고 싫은 게 그대로 드러나요."

아내한테 자주 듣는 말이다. 아내는 내 얼굴을 보면 어떤 감정 상태인지 금방 알아챈다. 몇 년 전만 해도 나는 작은 실수 하나에도 금세 얼굴이 벌겋게 달아오를 정도로 부끄러움이 많은 사람이었다. 지금은 덜하긴 하지만, 실수나 잘못 앞에선 여전히 포커페이스를 유지하기가 쉽지 않다. 얼굴은 인간의 감정이 그대로 노출되는 광고판 같다. 사람의 됨됨이나 성격, 감정 등에 대한 상당히 많은 판단이 얼굴을 중심으로 이루어진다.

특별히 부끄러움은 인간에게만 있는 감정이다. 부끄러움은 반성하는 삶을 살도록 도울 뿐 아니라 인간성 상실을 예방해 준다. 간혹 부끄러움을 눈곱만큼도 느끼지 못하는 사람들이 있다. 세상은 그런 사람들을 후안무치, 인면수심, 철면피 등으로 다양하게 부른다. 모두 얼굴과 관련된 표현들이다. 살다 보면 얼굴이 두꺼워서 부끄러움을 모르는 사람들을 만나게 된다. 수치도 모르고 "내가 뭘 어쨌는데?" 하며 되려 큰소리치는 사람을 만나면 말문이 막힌다. 그렇게 뻔뻔한 사람들에게는 한 가지 특징이 있다. 죄를 지어도 대범하게, 담대하게, 위대하게 짓는다는 것이다. 웬만한 강심장이 아니면 할 수 없는 일을 그들은 손쉽게 저지른다.

죄짓는 건 기가 막히게 터득한다

우리 집에는 열한 살, 아홉 살, 일곱 살배기 세 아들이 산다. 벌써부터 삼춘기, 이춘기, 일춘기가 온 것 같다. 녀석들을 보고 있노라면 삼국지가 따로 없다. 매일같이 패권 다툼이 벌어진다. 날마다 아웅다웅, 복작복작하게 지내는 탓에 사건 사고가 끊이지 않는다.

서로 티격태격하는 모습에 그러려니 하다가도 아빠로서

> 죄를 지었는데도
> 포커페이스를 유지하는 건 능력이 아니다.
> 죄를 지으면 응당 얼굴이 화끈거려야 한다.
> 하나님의 자녀라면 말이다.

가끔은 불같이 혼낼 때가 있다. 첫째가 동생을 때렸으면서도 "내가 뭘 잘못했는데요?" 하는 반응을 보일 때다. 첫째의 얼굴에는 미안해하거나 반성하는 기미가 조금도 보이지 않았다. 아이들이 부끄러움을 모르는 사람으로 자라는 것, 잘못을 인정하지 않는 뻔뻔한 사람으로 크는 것은 부모로서 가장 염려되는 일이다.

오래전에 들은 이야기가 하나 생각난다. 한 아빠가 어린 아들을 데리고 마트에 갔다. 그런데 아들 녀석이 장난을 치다가 값비싼 병을 깨뜨리고 말았다. 아빠도 아들도 당황해 이러지도 저러지도 못하고 있을 때, 어린 아들의 입에서 뜻밖의 말이 나왔다.

"아빠, 튀어!"

이 말을 들은 아빠의 심정은 어땠을까? 값비싼 병이 깨진 것보다 그동안 자식을 잘못 키웠다는 생각에 더 속상했으리라. 이 세상 어디에도 자녀에게 죄짓는 방법을 가르치는 부모는 없다. 나쁜 짓을 하는 사람도 자기 자식에게는 착하고 바른 사람이 되라고 가르친다. 그럼에도 아이들은 죄짓는 방법을 '자기 주도적으로' 학습한다. 이런 모습은 어른이라고 해서 별반 다르지 않다.

그리스도인은 쪽팔릴 줄 알아야 한다

"다른 사람들도 다 그러는데, 왜 나만 갖고 그래요?"

우리는 죄에 가담한 사람의 수가 많으면, 죄를 더 이상 죄로 여기지 않는 경향이 있다. 그래서 잘못을 하다가 걸리면 이런 반응을 보인다. 노아가 살던 시대에는 죄가 차고 넘쳤다. 그래서 죄를 죄로 여기지 않았다. 앞집 뒷집 옆집 죄 다 그렇게 살았기 때문에 죄는 그냥 라이프 스타일이자 트렌드 정도였다. 노아의 시대에만 그랬을까? 죄는 예나 지금이나 종식되지 않고 더욱 번성하고 있다. 전에는 죄로 분류되던 것들이 지금은 인권과 상식이라는 이름으로 그 경계가 모호해졌다.

이런 흐름에 물들지 않으려면 죄와 잘못 앞에서 쪽팔릴 줄 알아야 한다. 죄를 지었는데도 포커페이스를 유지하는 건 능력이 아니다. 죄를 지으면 응당 얼굴이 화끈거려야 한다. 하나님의 자녀라면 말이다. 아무리 존귀한 인간이라 해도 부끄러움을 느끼지 못하거나 잘못을 깨닫지 못하면 멸망하는 짐승과 같다고 했다. 나이를 먹으면서 점점 얼굴이 두꺼워지는 건 아닌지 돌아본다.

~~~~~~

존귀하나 깨닫지 못하는 사람은 멸망하는 짐승 같도다. _시편 49:20

두려움은 두려움을 먹고 자란다

제로 리스크 편향

심리학 용어 가운데 '제로 리스크 편향'이라는 말이 있다. 모든 위험을 제로(0퍼센트)로 완벽하게 제거할 수 있다고 생각하는 편향된 심리를 일컫는다. 위험성 제로를 추구할수록 좀 더 느긋하게 살 수 있다면 얼마나 좋을까? 그러나 그럴수록 작은 위험에 더 쉽게 자극받고 예민하게 반응하기가 쉽다. 두려움이 커질수록 안전에 더 집착하기 때문이다. 천국이 아니고선 이 세상 어디에도 위험성 제로인 곳은 없다. 이것은 누구를 막론하고 100퍼센트 안전한 사람은 없다는 뜻이다.

우리는 1퍼센트의 사고 발생률에도 '혹시나' 하는 마음에 불안해한다. 한 대학생에게 언제 두려움을 느끼는지 물어보았더니 이런 대답이 돌아왔다.

"저는 비행기만 타면 추락할 것 같아서 불안하고 두려워요."

사람마다 용기를 발휘하는 지점이 다르듯 불안을 느끼는 지점도 다르기에 그럴 수 있겠다는 생각이 들었다. 사실 어쩌다 한 번 타는 비행기가 추락할 확률보다 매일 타고 다니는 자동차가 사고 날 확률이 훨씬 높지만 말이다. 그런데도 비행기만 타면 두려운 건 어쩌다 한 번 있는 추락 사고에 대한 인상이 강렬하기 때문이다. 안정감보다 불안감이 더 많은 세상에서, 안심하고 평안하게 누워 잘 수 있다는 건 그야말로 복이다.

나를 안전히 살게 하시는 이

다윗은 사울 왕을 비롯한 원수들에게 오랫동안 쫓겨 다녔다. 때론 광야 수풀과 굴속에 숨고, 그것도 여의치 않을 땐 이방 나라로 도피하기도 했다. 사울 왕이 보기에는 다윗 같은 미꾸라지가 없었겠지만, 우리는 알고 있다. 하나님께서 때마다 일마다 다윗에게 피할 길을 내주셨다는 것을…. 이 세상에 내 목숨을 노리는 자가 한 명이라도 있다면, 두 다리 쭉 뻗고 잘 수 있는 사람이 과연 있을까? 언제 어디에서 튀어나와 해코지할지 모르기 때문에 두렵고 불안할 수밖에 없다. 영화에서 킬러에게 쫓기는 사람을 보면 한 가지 공통점이 있다. 신경안정제를 먹어야 겨우 잠들거나 작은 소리에도 쉽게 잠을 설친다는 것이다. 정신과 치료를 받거나 매일 악몽을 꾸는 사람도 있다. 실제로 그러면 하루하루 사는 게 지옥일 것이다.

그런데도 다윗은 "내가 평안히 눕고 자기도 하리니"(시 4:8)라고 고백한다. 그가 이렇게 고백할 수 있었던 건, 수백 미터 깊이의 지하 벙커나 난공불락의 철옹성을 마련해 놓았기 때문이 아니다. 나를 안전히 살게 하시는 이가 여호와 하나님이심을 알았고 믿었기 때문이다. 그에게 제로 리스크 지역은 피난처이자 요새 되시는 여호와 하나님 안이었다.

두려움은 두려움을 먹고 자란다

다윗이 쓴 시편 59편의 표제어를 보면 "사울이 사람을 보내어 다윗을 죽이려고 그 집을 지킨 때에"라고 쓰여 있다.

다윗이 절체절명의 위기를 경험하고 나서 썼다는 뜻이다. 따라서 "주는 나의 요새이시며 나의 환난 날에 피난처심이니이다"(16절)라는 그의 고백은, 단순히 책상머리에서 나온 것이 아니라 죽을 뻔한 위기에서 건져올린 신앙 고백이다.

두려움은 두려움을 먹고 자란다. 두려움을 묵상할수록 두려움은 급격하게 몸집을 키운다. 위기나 문제는 사람을 가리지 않고 막 들이댄다. 만약 다윗이 사울 왕을 주야로 묵상했다면 어떻게 되었을까? 아마 제 명대로 살지 못했을 것이다. 그러나 그는 쉼 없이 말씀과 여호와 하나님을 묵상했다. 어쩌면 원수가 있다는 사실보다 그로 인해 하나님을 놓치는 것이 진짜 위기일지도 모른다. 사울은 다윗을 쫓느라 하나님을 쫓지 못한 반면에, 다윗은 사울에게 쫓기고 있었지만 계속해서 하나님을 쫓았다. 누가 더 불안했을까?

내가 평안히 눕고 자기도 하리니 나를 안전히 살게 하시는 이는 오직 여호와이시니이다. _시편 4:8

신앙에 천재는 없다

전부 천재인 줄 알았다

집안 형편상 글을 배우지 못한 채 초등학교에 들어갔다. 초등학교에 들어간 지 며칠 되지 않았을 때였다. 선생님은 지금의 국어 시간에 해당하는 바른생활 시간마다 한 사람씩 일으켜 세워 놓고 책을 읽게 하셨다. 글을 가르쳐 주는 곳이 학교인 줄 알았는데 가르쳐 주지도 않고 읽으라고 하니 앞이 캄캄했다. 조마조마하던 차에 결국 내 이름이 호명되었다. 천근만근 같은 엉덩이를 겨우 들어올려 자리에서 일어났다.

"음… 음…"

글을 읽지 못하고 머뭇거림이 계속되자 60명의 반 아이들이 일제히 나를 쳐다보며 수군거렸다. 선생님은 나를 앞으로 불러내서는 사정없이 엉덩이를 때리셨다. 창피함 때문에 매 맞은 엉덩이보다 얼굴이 더 화끈거렸다. 학교에서 글을 가르쳐 주지 않았는데도 책을 술술 읽는 아이들을 보면서 나만 빼고 모두 천재인 줄 알았다.

중학교에 들어갔을 때도 그랬다. ABCD 알파벳만 알고 들어가면 나머지는 학교에서 가르쳐 주는 줄 알았다. 영어 시간이 되었는데 곧바로 영어 읽기가 시작되었다. 수학 시간도 마찬가지였다. 선생님은 학생들이 다 알고 있다는 전제 하에 곧바로 문제 풀이로 들어가셨다. 초등학교 시절이 떠오르면서 등줄기에 식은땀이 흘렀다. 그때도 반 친구들이 전부 천재인 줄 알았다. 나중에 알고 보니 반에서 이런저런 학원에 다니지 않는 사람은 나를 포함해 몇 명밖에 되지 않았다. 그렇게 나는 머리가 아닌 온몸으로 국영수를 배웠다.

3루에서 태어난 솔로몬

저세상 얘기처럼 들리지만, 가끔 어릴 적부터 신동이나 천재라는 소리를 듣는 사람들이 있다. 그중에는 어린 나이에 5개 국어에 능통하거나 교수도 풀지 못한 난제를 풀어내는 이들도 있다. 이런 사람들은 특출난 무언가가 힘인 시대에 어디를 가나 주목받는다. 그나마 삶은 이와는 별개로 돌아갈 때가 많다는 게 다행이라면 다행이다. 아무리 세상에서 천재라는 소리를 들었어도 가정에서 훌륭한 남편(아내)이나 좋은 아빠(엄마)가 되는 건 별개의 문제다.

야구로 치자면, 대부분 홈플레이트에서 태어나 인생을 시작한다. 그러나 부모에 따라 1루나 2루 혹은 3루에서 태어나 인생을 시작하는 사람도 있다. 태생적으로 출발점이 다르기 때문에 두각을 나타내는 속도에서 차이가 날 수밖에 없다. 어떻게 보면 솔로몬도 3루에서 태어나 인생이라는 경기를 시작한 왕이었다. 그는 아버지 다윗을 이어 왕이 된다. 하나님께서 주신 지혜로 어려운 문제도 거침없이 해결한다. 솔로몬은 천재 소리를 들어도 이상하지 않을 정도로 클래스가 남달랐다. 그도 처음에는 자신이 하나님의 은혜와 아버지 다윗 덕분에 3루에서 태어났다는 것을 알고 겸손했다. 하지만 점점 교만해지면서 하나님의 말씀을 귓등으로 듣기 시작한다. 하나님을 경외할 때 주어졌던 지혜가, 하나님을 경시하면서 수그러든 건 당연한 결과다.

머리는 선천적일 수 있어도,
신앙은 후천적이다.

천재 신앙인은 없다

솔로몬을 보면 누군가가 했던 말이 떠오른다.

"천재 신학자는 있어도 천재 신앙인은 없다."

신학이라는 학문은 머리만 있어도 가능하다. 그러나 신앙은 생활이자 삶이기 때문에 과정과 시간과 시행착오가 뒤따른다. 대개 신학이 책상 위에서 형성된다면, 신앙은 책상을 떠나 현장에서 빚어진다. 아이큐 지수와 신앙 지수, 가방끈의 길이와 믿음의 길이가 서로 일치하지 않는다면, 바로 이 때문이다. 삶은 지식을 통해서도 배울 수 있다. 그러나 그것을 내 것으로 소화하기 위해서는 다양한 사람과 환경과 상황이 필요하다. 신앙도 이와 같아서 과정과 시간이라는 세월을 통과해야 체득할 수 있다. 머리는 선천적일 수 있어도, 신앙은 후천적이다. 그래서인지 나는 "먼저 된 자로서 나중 되고 나중 된 자로서 먼저 될 자가 많다"(마 19:30)는 말씀이 좋다. 나 또한 누군가에는 먼저 된 자겠지만 말이다.

모든 성경은 하나님의 감동으로 된 것으로 교훈과 책망과 바르게 함과 의로 교육하기에 유익하니 이는 하나님의 사람으로 온전하게 하며 모든 선한 일을 행할 능력을 갖추게 하려 함이라. _디모데후서 3:16-17

그래도 마이쮸는 먹고 싶어

이제 다시는 안 먹을 거예요

2년 전 둘째가 일곱 살 때였다. 충치 치료가 다 끝났다는 간호사의 말을 듣자마자 한걸음에 치료실로 달려갔다. 둘째는 꽁꽁 묶인 상태로 의사와 간호사에게 분통을 터뜨리고 있었다.

"살살해 달라고 했는데 아프게 하면 어떻게 해요. 약속하셨잖아요. 의사 선생님이 거짓말하면 돼요? 꺼이꺼이… 흑흑흑…"

둘째는 지난번에도 병원 바닥에 드러누워 고래고래 소리를 질렀었다. 이번에도 분노에 휩싸인 채 울고불고 난리를 쳤다. 병원 로비로 데리고 나왔지만 바닥에 드러누워 계속 씩씩거렸다. 뭐가 그리 분한지 마취가 덜 풀린 입으로 "살살해 달라고 했는데 아프게 했다고. 의사 선생님이 거짓말했다고. 애를 울렸다고" 하면서 온갖 죄명을 들며 소란을 피웠다. 그러고는 꼭 경찰에 신고하겠다고 큰소리를 뺑뺑 쳤다. 여기저기서 간호사들이 빼꼼히 얼굴을 내밀고 신기한 듯 쳐다보았다. 간호사 중에는 일곱 살짜리가 귀여워서 피식 웃는 분도 있었고, 고개를 절레절레 흔드는 분도 있었다. 늘 그렇듯 병원에 오면 민망함은 아빠인 내 몫이다. 여전히 분이 풀리지 않은 아들을 어르고 달래면서 말했다.

"많이 아팠지? 아빠도 충치 치료받을 때 많이 아팠어. 마이쮸 같은 거 계속 먹으면 다음에 또 치과에 와야 돼. 이제 안 먹을 거지?"

"네. 이제 다시는 안 먹을 거예요. 흑흑흑."

죄에도 맛이 있다면

아들을 차에 태우고 집으로 향했다. 뒷자리에서 흐느끼는 소리가 잦아드는가 싶더니 아들이 대뜸 이렇게 말했다.

"아빠, 유치원 근처에 경찰서 있는 거 알죠? 가는 길에 좀

들려요. 신고할 거예요."

"뭐? 아, 그 경찰서. 알지. 그런데 오늘은 늦었으니까 다음에 가면 안 될까?"

끝까지 경찰에 신고하려고 한 걸 보면 아프기는 굉장히 아팠던 모양이다. 아들은 마이쮸 같은 건 다시는 안 먹겠다고 다짐했다. 그러나 나는 알고 있다. 언제 그랬냐는 듯 다시 마이쮸를 입에 넣고 즐거워하리라는 것을…. 마이쮸의 새콤달콤한 맛을 어찌 잊을 수 있으랴.

"이제 다시는 안 그럴게요!"

아이들만 이렇게 다짐하는 건 아니다. 죄 때문에 곤란을 겪던 어른도 상황이 조금만 괜찮아지면 다시 죄에 손을 댄다. 언제 내가 곤란했던 적이 있었냐는 듯이….

죄에도 맛이 있다면 어떤 맛일까? 분명 쓰거나 역겨운 맛은 아닐 것이다. 죄의 끝맛은 그럴지 몰라도 첫맛은 굉장히 달콤할 게 분명하다. 그렇지 않고서야 누가 죄를 즐겨 짓고 싶을까? 죄는 아이들이 죽고 못 사는 마이쮸처럼 새콤달콤한 맛이자, 새우깡처럼 먹어도 먹어도 물리지 않는 맛일 것이다. 그래서 죄 때문에 지옥을 맛보았으면서도 다시 죄를 짓는 것이 아닐까?

죄를 지은 후 땅을 치고 후회해 본 사람은 안다.
죄가 주는 달콤함은 순간이지만,
그로 인한 고통은 오래간다는 사실을…

그래도 마이쮸는 먹고 싶어

아들은 지금도 치과 얘기만 나오면 심각한 표정을 짓는다. 다시는 그런 끔찍한 곳에 가지 않겠다고 손사래를 친다. 그러면서도 치아에 해로운 것들을 여전히 입에 달고 산다. 치과에는 가기 싫지만 마이쮸는 먹고 싶은 것이다. 아들이 싫어해야 하는 것은 치과가 아니라 치과를 가게 만드는 마이쮸다.

아들의 이율배반적인 모습은 하나님 앞에 선 나의 모습과 그닥 다르지 않다. 죄를 좋아하고 사랑하는 사람은 없다. 그리스도인치고 죄가 나쁘고 해롭다는 사실을 모르는 사람도 없다. 죄가 하나님과의 관계를 망친다는 사실도 잘 안다. 하지만 다시 죄라는 마이쮸를 입으로 가져가거나 그 근처에서 서성거리는 사람들이 널리고 널렸다. 죄로 인한 고통은 싫지만 죄라는 마이쮸는 먹고 싶은 것이다.

"아들, 이제 다시는 마이쮸 같은 거 먹으면 안 돼. 알았지?"

충치 치료를 마치고 집으로 돌아오면서 나는 아들에게 말했다. 이 말은 아버지 되신 하나님께서 자녀인 우리에게 당부하고 싶은 말씀일지도 모른다. 죄를 지은 후 땅을 치고 후회해 본 사람은 안다. 죄가 주는 달콤함은 순간이지만, 그로 인한 고통은 오래간다는 사실을…. 돈이나 권력에만 맛이 있는 건 아니다. 죄에도 치명적인 맛이 있다. 새콤달콤해서 차마 끊지 못하는, 내 삶의 마이쮸 같은 죄에는 어떤 것들이 있는지 돌아본다.

개가 그 토한 것을 도로 먹는 것같이 미련한 자는 그 미련한 것을 거듭 행하느니라. _잠언 26:11

사랑은 한 수 접어 주는 일

슬기로운 아빠 생활

"꼭꼭 숨어라. 머리카락 보인다."

유치원에 다니는 막둥이가 눈을 뜬 건지 감은 건지, 게슴츠레한 눈을 하고 노래를 부른다. 그러면 나는 노래처럼 꼭꼭 숨지 않고 아이가 찾아낼 만한 장소에 몸을 숨긴다. 금방 찾으면 재미가 없고, 꼭꼭 숨으면 더 재미가 없는 게 숨바꼭질이니까. 막둥이가 이리저리 아빠를 찾는다. 쉽게 찾지 못할 때면 "음, 음-" 하는 신호를 보내고, 머리카락이 잘 보이도록 얼굴을 빼꼼히 내밀기도 한다.

아이들은 게임할 때 이기는 데 목적을 둔다. 그러나 아빠라면 어린 자녀들과 좋은 관계를 유지하는 데 목적을 둬야 한다. 간혹 승부욕에 눈이 멀 때가 있는데, 그러면 아이와의 관계에 금이 갈 수 있다. 그건 이기고도 좋은 소리 못 듣는 일이다. 슬기로운 아빠라면 무슨 게임을 하든 아쉽게 져 줄 만반의 준비가 되어 있어야 한다. 그러자면 아이들이 눈치채지 못하도록 메소드급 연기력이 요구된다. 사실 이기기보다 아슬아슬하게 져 주기가 더 힘들고 어렵다. 그렇다. 사랑은 부득부득 이기려는 게 아니라 한 수 접어 주는 일이다. 다 알면서도 모른 체하고 눈감아 주는 일이다.

한 수 접어 준다는 것

예수님은 힘과 능력이 없어서 십자가에 못 박히신 게 아니다. 비굴하게 삶히신 것도, 무능해서 십자가에 달리신 것도 아니다. 하나님으로서 모든 권세와 능력을 가지고 있었지만 우리의 구원을 위해 절제하셨을 뿐이다.

누군가가 어떤 사람인지 알고 싶다면 두 가지를 줘 보라고 했다. 하나는 돈이고, 다른 하나는 권력이다. 우리는 부나 권력을 얻으면 어떻게든 써먹고 싶어서 안달한다. 그 과정에서 멀쩡하던 사람이 망가지기도 한다. 손에 쥔 부나 권력을 절제하고 제한하기란 쉬운 일이 아니다. 예수님은 마음만 먹으면 얼마든지 무력을 동원하실 수 있었다. 그럼에도 그 권세를 사용하지 않고 절제하셨다. 한 수 접어 주신 것이다. 봐 주신 것이다. 십자가는 예수님께서 목숨을 내놓으면서까지 한 수 접어 주신 사건이다.

> 사랑은 부득부득 이기려는 게
> 아니라 한 수 접어 주는 일이다.
> 다 알면서도 모른 체하고 눈감아 주는 일이다.

십자가가 부끄럽지 않은 이유

공이 둥근 스포츠에서는 이변이 많이 일어난다. 그러나 검도에서는 이변이 거의 일어나지 않는다고 한다. 검도에는 '선의 선'(先의 先)이라는 기술이 있기 때문이다. 상대가 공격하려고 할 때, 그보다 먼저 공격하는 것이 '선의 선'이다. 어떤 이는 이것을 두고, 상대가 가위를 내는 걸 보고 바위를 내는 격이라고 표현하기도 한다. 일전에 검도를 배운 이에게 들은 말이 생각난다.

"검도에서 단수가 낮은 사람이 단수가 높은 사람을 이기는 일은 거의 일어나지 않습니다. 단수가 낮으면 자신보다 단수가 높은 사람을 한 대 때리기도 쉽지 않습니다. 만약 그런 일이 일어난다면, 딱 한 가지 경우밖에 없습니다. 상대가 일부러 맞아 줄 때만 그런 일이 가능합니다."

이길 능력이 없어서 지는 것과 이길 능력이 있는데도 져 주는 건 차원이 다른 문제다.

"우리는 신앙생활하면서 하나님은 지시는 것, 자신이 져서 우리에게 유익을 주시는 것을 영광으로 삼으신다는 대전제를 결코 잊어서는 안 됩니다."

남포교회 박영선 원로목사가 『직설』(두란노, 2016))에서 한 말이다. 세상은 힘이 있으면 이길 수 있다고 말한다. 그러나 예수님은 사랑하면 져 줄 수 있다고 말씀하신다. 실제로 예수님은 '열두 군단도 더 되는 천사를 보내게 할 수 있는 권세'가 있었지만 사용하지 않으셨다. 사랑해서 진다면, 그건 비굴한 일이 아니라 아름다운 일이다. 예수님께서 지신 십자가가 부끄럽지 않은 이유다.

너는 내가 내 아버지께 구하여 지금 열두 군단 더 되는 천사를 보내시게 할 수 없는 줄로 아느냐. _마태복음 26:53

04

**일상이 흔들리는
그리스도인에게**

믿음은 불확실 속에서도
하나님께서 나를 이끌어 가신다는 신뢰다.

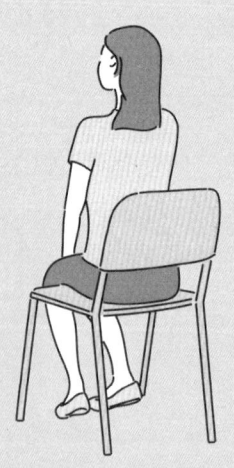

실은 하나님께로 향한 길이었다

아무 연고도 없는 곳

"아무 연고도 없는 그곳에 왜 가려고 하세요?"

안정적으로 사역하던 교회를 떠나 새로운 사역지로 가기로 했을 때 가장 많이 들은 말이다. 내게 포항은 태어나서 한 번도 밟아 본 적 없는 미지의 땅이었다. 친인척이 사는 것도 아니었다. 처가가 울산이라는 게 그나마 위안이 될 정도였다. 낯선 포항에 오자 이번에는 이곳 분들이 의아한 눈빛으로 물었다.

"서울에서 여기까지 왜 오셨어요? 여기에 무슨 연고가 있으세요?"

그럴 때면 자초지종을 일일이 설명할 수 없어 멋쩍은 웃음을 지어 보였다. 하도 '연고, 연고' 하길래 그게 무슨 말인지 정확히 알아 둘 필요가 있겠다 싶어 사전을 찾아봤다.

"혈통, 정분 또는 법률 따위로 인연을 맺은 관계."

한마디로 내가 확실하게 믿고 의지할 만한 그 무언가가 연고였다. 초·중·고등학교와 대학 그리고 신학대학원을 비롯해서 사역에 이르기까지 나의 생활 반경은 서울과 그 인근을 벗어난 적이 없었다. 그러니 생각지도 않은 경상도에서 사역하기로 했을 때, 가까운 지인들이 나를 걱정스럽게 바라본 건 어쩌면 당연한 일이었다. 함께 사역하던 분들도 우려 어린 눈으로 바라보았다. 저마다 합리적이고 상식적인 생각으로 걱정해 주었다. 나 역시 고민했던 지점이기에 선택 앞에서 머뭇거리고 흔들렸다.

수없이 흔들리는 일

떠나더라도 멀지 않은 곳으로 가면 그나마 부담이 적다. 하지만 익숙한 곳을 떠나 완전히 낯선 땅으로 가는 건, 믿음도 마음도 수없이 흔들리는 일이다. 물리적인 거리보다 심리적인 거리가 더 큰 부담으로 다가오기 때문이다.

그래서 새로운 사역지를 놓고 기도하는 시간은 내게 심리적인 거리를 좁히는 시간이었다. 또한 합리적이고 상식적인 생각을 내려놓는 시간이었다. 선택했다고 해서 하루아침에 몸에 밴 수도권 라이프 스타일이 정리되는 건 아니겠지만, 그것은 새로운 곳에 가서 적응하며 정리할 숙제로 남겨 놓으면 될 일이었다. 하루는 기도하는데 이런 생각이 들었다.

'지금까지 내가 계획하고 원했던 길을 따라 살아온 적이 있었나?'

내가 원하는 곳에서 사역했던 적은 한 번도 없었다. 모두 계획하지 않은 곳에서 느닷없이 사역을 시작했다. 그야말로 '어쩌다' 사역이었다. 하나님은 아브라함을 통해 믿음의 속성 가운데 하나가 익숙한 곳을 떠나는 것임을 보여주셨다. 아브라함 역시 오래전에 고향과 친척과 아버지의 집을 떠나 미지의 땅으로 갔다. 가나안은 약속의 땅이었다. 그러나 적어도 아브라함에게는 아무 연고도 없는 위험천만한 땅이었다. 당시 고향과 친척과 아버지의 집은 목숨과 재산을 보호받을 수 있는 든든한 울타리이자 보호막을 의미했다. 그런 곳을 떠난다는 건 미친 짓이자 자살 행위였다. 그에 비하면 오늘날 낯선 지역으로 떠나는 일 정도는 그저 불편하고 어색한 일에 불과할지도 모른다.

일말의 여지가 필요하다

나는 기질상 누구보다 계획적인 사람이다. 느낌이나 촉보다는 계획 속에서 살아야 편안한 스타일이다. 그러나 생각지도 못한 길을 따라 살아오면서, 계획을 세워도 '일말의 여지'를 남겨 두는 것이 어쩌면 믿음일지도 모른다는 생각이 들었다. 내 계획을 뛰어넘는 새로운 계획이 있을지도 모른다는 '일말의 여지' 말이다. 이것은 하나님께서 내 삶에 드나드실 수 있도록 출입문을 내고 통로를 마련하는 일이다. 대개 하나님은 이 통로를 통해 내 생각 속으로 들어오셨다.

믿음은 불확실 속에서도 하나님께서 나를 이끌어 가신다는 신뢰다. 믿음이 필요하고 요구되는 건, 불확실한 상황임에도 불구하고 첫발을 내딛기 위해서다. 천근만근인 첫발을 내디디면 그다음은 그분이 이끌어 가신다. 그리스도인도 결국만 알 뿐 과정은 어떻게 펼쳐질지 잘 모른다. 그런데도 의심과 두려움 속에서 그 길을 선택하는 건, 하나님께서 하실 일을 기대하기 때문이다.

"너에게로 가지 않으려고 미친 듯 걸었던 그 무수한 길도 실은 네게로 향한 것이었다."

나희덕 시인의 〈푸른밤〉에 나오는 보석 같은 문장이다. 이 시를 곱씹을 때마다 그동안 흔들렸던 무수한 순간이 실은 하나님께로 향한 것이었음을 떠올려 본다.

지금은 내 삶의 인도자께서 나를 거기에 두신 나름의 이유가 있다고 받아들이고 있다. 그분은 언제나 그렇듯 지금도 패를 다 보여주지는 않으신다. 다만 나를 향한 확실한 패를 쥐고 계신다는 사실만 알려 주신다. 여태껏 계획하고 원했던 길을 따라 살지 못했지만, 그렇다고 길을 잃었다고 생각한 적은 없다. 그때마다 생각지 못한 곳에서 하나님을 만났고, 적절한 사역을 배웠고, 귀한 동역자들을 만났다. 내가 세운 계획대로 되지 않아도 하나님은 여전히 나의 길을 인도하고 계신다.

사람의 걸음은 여호와로 말미암나니 사람이 어찌 자기의 길을 알 수 있으랴.
_잠언 20:24

기억 보관소

기록은 기억을 복원하는 일

전에는 여행만 가면 사진부터 찍는 사람들이 마뜩잖았다. 하지만 여행을 다녀왔다는 기억과 느낌을 소환하는 데 사진만한 게 없다. 아무리 마음속에 여행의 흔적과 느낌을 담아 놓아도 그때 찍은 사진 한 장을 따라가지 못한다. 사진은 장황하게 설명하지 않아도 당시의 기억과 느낌을 확실하게 되살려 준다. 사진은 가장 작은 기억 보관소라고 해도 지나치지 않다.

사진이 아날로그 형식의 기억 보관소라면, 아카이브(archive)는 디지털 형식의 기록 보관소다. 넓게는 소장품이나 자료 등을 디지털화하여 한데 모아서 관리할 뿐 아니라 손쉽게 검색할 수 있도록 모아 둔 파일을 의미한다. 아카이브에서 불러낸 과거들을 오늘에 맞게 잘 응용하면 고리타분함을 넘어서 신선한 무언가가 될 수 있다. 이것이 근래에 아카이브가 새롭게 주목받는 이유가 아닐까 싶다. 관건은 과거의 정보와 지식과 경험을 어떻게 오늘로 끌어와 해석하고 적용하며 응용하느냐에 달렸다.

기억하라, 생각하라

성경도 어떤 점에서는 아카이브다. 하나님의 말씀이 신구약 성경 66권에 일목요연하게 정리 및 기록되어 있기 때문이다. 그때의 말씀을 오늘날 나에게 주시는 말씀으로 되살려 적용하고 응용하는 건, 하나님의 자녀인 우리에게 주어진 책임이자 사명이다.

'기억하라', '생각하라'.

이스라엘 백성이 곁길로 빠졌을 때, 그들의 영혼을 흔들어 깨우기 위해 사용된 두 동사다. 역사를 잊은 민족에게 미래가 없는 것처럼, 하나님이 누구신지 어떤 일을 하셨는지 새까맣게 잊은 그리스도인에게도 미래가 없다. 이것이

'기억하라', '생각하라'.
이스라엘 백성이 곁길로 빠졌을 때,
그들의 영혼을 흔들어 깨우기 위해
사용된 두 동사다.

그리스도인이라면 매일 일상의 자리에서 성경이라는 아카이브를 자주 꺼내서 읽고 듣고 공부하며 묵상해야 하는 이유다. 나 역시 잊지 않으려고 기록으로 보관하고 있다.

세 가지 기록 보관소

첫 번째는 은혜 아카이브다. 성경을 읽거나 묵상할 때 혹은 설교를 들을 때 마음에 박히는 말씀이 있다. 말씀이 달든지 아니면 비수처럼 날아와 찌르든지, 이때는 은혜를 받은 순간이므로 잘 메모해 둔다. 잘나가던 스포츠 선수도 한 번씩 슬럼프가 찾아와 힘든 시기를 겪는다. 그럴 땐 전성기의 자세를 보거나 떠올리면서 감각을 회복한다고 한다. 이런 방법은 영적으로 어려움을 당할 때 써도 유익하다. 나도 영적 컨디션이 형편없을 때, 그동안 받아서 모아 둔 은혜 아카이브에서 은혜를 꺼내서 읽는다. 그러면 새 힘이 솟는다. 예전에 나를 만나 주신 하나님을 오늘 다시 만날 수 있어 좋다. 은혜 아카이브는 내게 영혼의 어두운 밤이 찾아왔을 때 등불이 되어 주었고, 영적 슬럼프가 찾아왔을 땐 지팡이가 되어 주었다.

두 번째는 아이디어(영감) 아카이브다. 아이디어는 언제 어디에서 튀어나올지 모른다. 이런 까닭에 5분 대기조처럼 항상 준비하고 있는 편이다. 찰나에 찾아와 찰나에 사라지기 때문에 아이디어가 떠오른 순간 메모나 기록으로 포획해야 한다. 그렇지 않고 늑장을 부리면 안개처럼 사라져 버린다. 또렷한 기억보다 흐릿한 기록이 더 낫다는 말이 있다. 기억을 믿고 자신했다가 발등 찍혀 본 사람으로서 장담컨대, 이 말은 진리다. 그래서 갑자기 아이디어가 떠오르면, 귀차니즘을 뒤로하고 간단하게라도 메모를 해 둔다. 글씨가 엉망일 때도 많지만, 그 정도만 해도 그때의 아이디어와 영감을 다시 불러내는 데 문제가 없다. 아이디어 아카이브는 지루해지기 쉬운 오늘에 활력과 생동감을 불어넣는 영감의 불쏘시개다.

세 번째는 문장 아카이브다. 나는 속독이나 발췌독을 잘 못하는 편이다. 묵상을 좋아하기 때문인지 아니면 기질 때문인지는 몰라도, 되도록 정독하거나 묵독하는 편이다. 글을 읽다가 종종 마음에 와닿거나 울림 있는 문장을 만나곤 한다. 그런 문장을 발견하고 줍는 날은 무언가에 당첨된 것처럼 기분이 좋다. 그 좋은 감정을 오랫동안 간직하고 싶어서 에버노트에 그대로 옮겨 적는다. 문장 아래에는 나만의 이해와 느낌과 생각을 덧붙인다. 일상이 따분할 때 혹은 책에 손이 가지 않을 때, 내 마음에 밑줄을 그은 문장들을 한 번씩 꺼내어 다시 음미해 본다. 그러면 별식을 먹는 것처럼 맛이 일품이다. 문장 아카이브는 허기질 때마다 찾는 단골 식당과도 같다.

오늘도 평범한 일상에서 찾고 발견한 것들이 적지 않다. 시간에 풍화되기 전에 수시로 나만의 기억 보관소에 보내기를 반복한다. 이것이 적어야 사는 '적자' 생존의 시대에 내가 살아가는 방법이다.

내가 옛날을 기억하고 주의 모든 행하신 것을 읊조리며 주의 손이 행하는 일을 생각하고. _시편 143:5

경험하지 않고는 알 수 없는 영역

미지의 10퍼센트가 사람을 미치게 한다

어릴 땐 아는 게 별로 없어서 이해할 수 없는 일들이 많다고 생각했다. 그런데 어른이 되고 보니 학식 있는 사람들조차 설명할 수 없는 일들이 많기는 마찬가지라는 걸 알게 되었다. 전문가들도 헛다리를 짚거나 헛소리할 때가 많은 걸 보면, 나와 같은 일반인들은 얼마나 더할까 싶다. 전문가나 평범한 사람이나 문제를 바라보고 해석하는 방식은 대부분 인과응보 사상에 기초를 두고 있는 것 같다. 그래서 모든 문제를 원인에 따른 결과라고 생각하며, 그 뒤에 도사리고 있을지도 모를 크고 작은 음모를 파헤치고 싶어 한다.

내가 보기에도 이 세상에서 일어나는 문제의 90퍼센트 이상이 인과응보에 따른 결과인 것 같다. 나머지 10퍼센트는 도무지 이해나 해석이 불가한 영역이다. 이 미지의 영역이 사람을 미치게 한다. 원인 모를 문제가 속을 뒤집어 놓는다. 이해가 안 될수록 고통은 갑절로 불어난다. 원인이라도 알면 그나마 속이 편할 텐데, 문제는 일일이 설명하면서 찾아오지 않는다. 불친절하기가 말로 다할 수 없다. 90퍼센트에 해당하는 인지의 영역은 연구와 분석을 통해 조금씩이나마 접근할 수 있다. 하지만 나머지 미지의 영역은 전적으로 하나님께 속한 신성불가침의 영역이다.

가장 위험한 사람

이 미지의 영역에서 신앙을 비롯한 인간관계의 갈등과 의심과 다툼이 발생한다. "왜 하필 내가?", "주여, 언제까지입니까?"와 같은 한탄도 대부분 이 지점에서 터진다. 욥도 자신이 왜 고난을 겪어야 하는지 알 수 없어서 괴로워했다. 그런데도 하나님은 침묵으로 일관하셨다. 우리는 하나님께서 침묵하시는 동안을 참지 못하고 저마다의 해석을 쏟아 놓는다. 욥의 세 친구처럼 말이다. 그들은 모든 걸 자기 경험에 빗대어 '다 안다'고 생각하는 사람이 최악이라는 사실만 확인시켜 주었다. 하나님을 다 알고 있는 것처럼 거침없이 말하고 행동하는 사람이 가장 위험하다.

한번은 코로나 19에 확진되어 자가 격리에 들어간 분에게 문자가 왔다.

"지난번에 목사님이 코로나에 걸리셨을 때, 그저 남의 문제로 생각했는데, 제가 걸려 보니 그때 얼마나 힘드셨을까 하는 생각이 들었습니다. 죄송한 마음에 문자 드립니다."

또 어떤 분은 코로나를 심하게 앓으면서 "다른 사람들도 다 걸려 봤으면 좋겠어요. 그래야 아픈 사람의 마음을 좀 알 테니까요"라고 하소연했다. 그렇다. 건강한 사람은 아픈 사람을 이해할 수 없다. 아무리 공감 능력이 뛰어나도 경험하지 않고는 알 수 없는 미지의 영역이 있다. 그래서 아프고 나서야 자기와 다른 사람과 세상을 바라보는 눈이 새롭게 뜨이는 건지도 모르겠다.

몰라도 너무 모른다

지금까지 내게 찾아온 문제는 이해할 수 없으며 해도 해도 너무하다고 생각했다. 그러나 다른 사람의 문제는 다 알고

> 아무리 공감 능력이 뛰어나도
> 경험하지 않고는 알 수 없는
> 미지의 영역이 있다.

있다는 듯이 아주 쉽게 진단하고 해석했다. 내가 당하는 고난에는 이유가 없다고 생각했고, 다른 사람이 당하는 고난에는 그럴 만한 이유가 있다고 단정지었다. 그때마다 고통의 늪에 빠진 사람에게 섣부른 해석과 충고를 하면, 되레 역효과만 난다는 사실을 알게 되었다.

나조차 나를 잘 모른다는 사실을 우리는 모른다. 그래서 나를 가장 잘 아는 사람이 바로 나라는 착각 속에서 살아간다. 자신을 몰라도 너무 모르는 것이다. 아직도 못 푸는 수학 문제가 있는 것처럼 내 지식과 경험으로는 도무지 풀리지 않는 미지의 영역이 존재한다. 이 미지의 영역이 하나님과 나, 그리고 나와 다른 사람 사이에 완충 역할을 한다. 그곳에서는 멱살잡이하면서 따지고 들기보다, 뭐가 뭔지 모르니 잠시 인내하며 기다려야 하기 때문이다. 미지의 영역을 남겨 두기 위해서는 나름의 믿음이 필요하다. 미지의 영역을 인정할 줄 아는 것도 꽤 괜찮은 그리스도인의 모습이라고 본다.

나의 친구야 너희는 나를 불쌍히 여겨다오. 나를 불쌍히 여겨다오. 하나님의 손이 나를 치셨구나. _욥기 19:21

힘겨운 시절은 책갈피처럼

이러지도 저러지도 못할 때

우리 집에 대한 최초의 기억은 공고지라고 불리는 산동네, 그중에서도 가장 높은 곳에 지어진 양철집으로 거슬러 올라간다. 어머니의 증언에 따르면, 어머니는 거기에서 우리 형제를 낳으셨는데, 둘째인 나를 낳고는 혼자 탯줄까지 자르셨다고 한다. 탄생에 얽힌 비화를 듣고 나니 "그동안 엄마가 저한테 해 준 게 뭐가 있어요?"라고 말할 수 없었다. 어머니는 한여름에 혼자 산통을 겪고는 비 오듯 쏟아지는 땀을 주체할 수 없어 찬물에 목욕을 하셨다고 한다. 그때 찬 기운이 든 탓에 여태껏 고생을 하신다.

그 시절에는 주변에 비슷한 처지의 아이들이 많았다. 그래서 가난한 티가 덜 났는데 내게는 천만다행이었다. 집안 형편은 얼굴에 고스란히 올라와 스며들게 마련이라는 걸, 그때쯤 본능적으로 알았던 것 같다. 대학생이 되도록 매일 보통 사람으로 살고 있었지만 마음속에선 크고 작은 태풍이 올라왔다가 물러가기를 반복했다. 무엇을 위해 살아야 할지, 어떻게 사는 게 맞는지도 몰랐다. 그렇게 이러지도 저러지도 못할 때 예수님을 만났다.

내가 당한 고난이 세상에서 제일 힘들다

"왠지 고생 같은 거 모르고 컸을 것 같아요."

처음 이 말을 들었을 땐 기분이 묘했다. 지금은 이런 말을 들으면 은근히 기분이 좋다. 겉으로 풍기는 이미지가 보세 옷같이 저렴하지 않고 브랜드 옷같이 고급스러워 보인다는 말처럼 들려서다. 감사하게도 살아온 지난날에 비해 얼굴에 그늘이 배지 않은 듯하다.

처음부터 얼굴에 그늘이 없었던 것은 아니다. 있었지만 많이 희석되고 걷혔을 뿐이다. 지난날을 함부로 고난의 현장이었다고 말하고 싶지 않다. 사실 고난의 축에 끼지도 못

> 고난은 상대적이며 내가 당한 고난이
> 세상에서 제일 힘들다는 건 이미 알려진 사실이다.

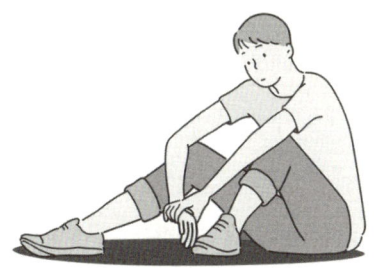

한다. 욥처럼 입을 틀어막지 않으면 감당할 수 없을 정도로 '고난의 최고봉'에 오른 사람도 많기 때문이다. 그런 사람들에 견주면, 지난날 내가 겪은 고생은 새발의 피다. 하지만 고난은 상대적이며 내가 당한 고난이 세상에서 제일 힘들다는 건 이미 알려진 사실이다. 남자들이 자기가 다녀온 군대가 제일 힘들었다고 말하는 것처럼 말이다.

한동안 내가 경험한 고난으로 다른 사람의 고난을 평가절하하려고 했다. 고난을 훈장처럼 생각하며 우월감을 맛보려고 한 것인데, 지금 생각하면 굉장히 우스운 일이 아니었나 싶다. '누가 더 큰 고난을 겪었는가?' 이런 종류의 시합은 제로섬 게임과 같아서 아무런 유익이 없다. 보통 저마다의 힘겨운 시절은 있는 듯 없는 듯 책갈피처럼 끼워져 있는 것 같다.

고난은 낭비하지 않은 사람에게만 유익하다

다윗은 고난 당하는 것이 유익이라고, 그 덕분에 하나님의 말씀을 배우게 되었노라고 고백한다. 고난은 확실히 우리를 연단한다. 그렇다고 고난이 누구에게나 유익한 것은 아니다. 처음에는 순진하게도 고난 당한 만큼 더 온유해질 거라고 생각했다. 그러나 현실은 고난 때문에 강퍅해지기 더 쉽다는 사실이었다. 다윗은 고난을 얼마나 많이 받았는지 자랑하기보다, 고난을 통해 하나님의 말씀을 배우게 되었다는 걸 자랑했다.

고난은 낭비하지 않은 사람에게만 유익하다. 예수님을 믿은 후로 20년 남짓한 시간이 흘렀다. 허무하게 증발하던 시간은 예수님을 배우고 그분의 말씀을 묵상하는 시간으로 대체되었다. 그 시간에 참 많이도 울었다. 원망하는 눈으로 하늘을 바라본 적도 많았다. "제게 이러시면 안 되잖아요"라고 애걸한 적도 많았다. 그에 못지않게 슬픔을 기쁨으로 바꿔 주신 은혜로 웃는 날도 많았다. 그때마다 얼굴에 드리웠던 그늘은 걷히고, 마음에 졌던 주름은 펴졌다.

고난 당한 것이 내게 유익이라. 이로 말미암아 내가 주의 율례들을 배우게 되었나이다. _시편 119:71

배려의 농도

따뜻한 기운이 도는 말들

언어에도 온도가 있다고 하는데, 실제로 듣기만 해도 따뜻해지는 말들이 있다. 사랑, 공감, 경청, 진심, 감사… 이런 말들은 그 자체로 따뜻하다. 배려도 그중 하나에 속한다. 배려만큼 누구에게나 필요하고 환영받는 말도 없다. 배려를 통해 따뜻한 기운을 느낄 수 있는 건, 나를 헤아려 주는 그 마음이 고마워서일 것이다. 여기저기에서 배려를 기대하고 요구하는 사람은 많다. 그러나 먼저 다가가 배려하는 사람은 그리 많지 않다. 헤아리는 대로 헤아림을 받는다고 했다. 배려도 받아 본 사람이 제대로 배려할 수 있다. 누군가의 배려로 감동을 받았다면, 그 느낌뿐만 아니라 나를 배려한 일련의 과정도 함께 간직하면 좋겠다. 그래야 나 또한 좀 더 헤아림을 반영해서 다른 누군가를 배려할 수 있다.

헤아림이 배려의 농도를 좌우한다

내게도 기억에 남는 배려의 추억이 하나 있다. 신학대학원을 졸업하고 곧바로 전임 사역을 시작했다. 서툰 게 많아서 하나부터 열까지 고달픔의 연속이었다. 새벽부터 저녁까지 이어지는 사역은 피로 누적의 법칙에 따라 늘 버거웠다.

열대야까지 기승을 부리던 한여름 새벽이었다. 그날은 새벽기도회 시간에 말씀을 전하는 날이기도 했다. 예배당은 이마와 등줄기로 땀이 흐르는 게 느껴질 정도로 후덥지근했다. 더욱이 긴장해서 땀구멍이 전부 열리는 바람에 연신 흐르는 땀을 훔쳐내야 했다. 이윽고 시간이 되어 강대상에 올랐다. 말씀을 전하기에 앞서 목부터 축이려고 컵을 들었는데, 손끝에 느껴진 건 냉수의 차가운 기운이 아닌 뜻밖의 온기였다. 며칠 전에 무심코 한 말이 생각났다.

"저는 새벽에는 미지근한 물을 선호하는 편입니다."

새벽마다 강대상에 물을 올려놓는 분이 그 말을 허투루

듣지 않고 마음에 담아 놓았던 모양이다. 아무리 사소한 배려라도 이렇듯 헤아림이 반영되면 큰 감동으로 다가올 수 있다는 걸 배웠다.

그로부터 10년이 지나 어느 새벽기도회 시간이었다. 그날도 말씀을 전하려고 강단에 올랐다. 시작하기에 앞서 물을 마시는데 그냥 생수가 아니었다. 자세히 보니 녹차 티백을 우려낸 차였다. 이 새벽에 녹차를 갖다 놓으려고 더 수고했겠다는 생각이 들면서 감사했지만, 다른 한편으론 난감했다. 녹차에 들어 있는 카페인 성분으로 목이 더 말랐기 때문이다. 가뜩이나 목이 덜 풀린 상태로 말씀을 전해야 하는데, 녹차를 마시니 목이 더 마르는 것 같았다.

그런데 왜 하필 녹차를 올려놓았을까? 아무래도 본인이 평소 즐겨 마시는 차였기 때문은 아닐까 싶다. 좀 더 수고가 들어간 배려였지만, 배려로 인해 오히려 내 입장만 곤란해졌다. 진심이라고 다 배려로 느껴지는 건 아니다. 거기엔 헤아림이 담겨야 한다. 진심이 배려의 시작일 순 있어도, 결국에는 헤아림이 배려의 농도를 좌우한다.

배려에도 지혜가 필요하다

종종 나 혼자 배려하고 나서, 나 혼자 서운해질 때가 있다. 배려를 마땅히 누려야 할 권리로 생각하는 사람들 때문이기도 했지만, 나의 일방적인 '다짜고짜, 무턱대고' 식의 배려 때문이기도 했다. 헤아림이 빠진 배려가 서로를 불편하게 한다는 걸 잊은 탓이다. 한쪽은 배려한다고 했는데 상대가 몰라줘서 서운하고, 다른 한쪽은 불필요한 배려 때문에 당혹스러울 때가 얼마나 많은지.

하나님은 은혜가 풍성한 분이지만 우리에게 '다짜고짜, 무턱대고' 은혜를 베풀지 않으신다. 우리의 필요를 충분히 헤아려 "때를 따라 돕는 은혜"(히 4:16)를 베푸신다. 아무리 사소한 배려라도 헤아림이 반영되면 상대에게 큰 감동을 줄 수 있다. 배려라고 해서 다 같은 배려가 아니다.

엘리사가 자기 사환에게 이르되 너는 그에게 이르라. 네가 이같이 우리를 위하여 세심한 배려를 하는도다. _열왕기하 4:13

고인물 조심

달인 vs 고인물

"가만히 있으면 중간이라도 가지."

섣불리 나섰다가 망신을 당할 때 듣는 말이다. 그렇다고 늘 중간에서 눈치만 보면서 살 순 없는 노릇이다. 변화를 꺼려서 가만히 있는 거라면 결국에는 '고인물'밖에 되지 않는다. 고인물은 오래되어 활력이 없고, 정체되거나 아예 쇠퇴하는 상태 또는 그러한 집단에 속한 사람들을 지칭하는 인터넷 유행어다. "고인 물은 썩게 마련이다"라는 말에서 비롯된 것으로 보인다.

한곳에서 진득하게 자기 일에 전력을 다하면 도가 튼다.

우리는 그런 사람을 달인이라고 부른다. 그러나 이것은 긍정적인 변화로 나타났을 때나 가능한 얘기다. 변화를 싫어하는 우리의 본성을 참고한다면, 한곳에서 발전을 거듭하기란 쉬운 일이 아니다. 먼저는 변화를 거부하려는 자신과 싸워야 한다. 다음으로는 익숙한 데서 오는 편안함을 거부해야 한다. 고인물이 되지 않으려면 익숙함과 결별해야 하는데, 이는 갑각류의 탈피 과정과 닮은 구석이 많다. 몸이 딱딱한 갑각류도 때가 되면 탈피한다. 이 과정에서 죽는 가재와 게가 속출한다. 그렇다고 딱딱한 껍질을 벗는 일을 포기할 수도 없다. 제때 탈피하지 못하면 불어난 몸집으로 딱딱한 껍질에 갇혀 죽기 때문이다.

이런 일이 비단 갑각류에만 해당할까? 고리타분한 사고방식에 갇혀 있는 사람도 살았다고는 하나 실제로는 죽은 사람이다. 언젠가 '식물의 저주'라는 말을 들은 적이 있다. 식물은 한번 뿌리내린 곳에서 좋든 싫든 평생을 살아야 한다. 이 말인즉슨 평생 그곳이 세상의 전부인 줄 알고 늘 익숙한 풍경 속에서 살다가 죽어야 한다는 뜻이다. 한곳에 터를 잡고 움직이지 못하는 고정성이 식물의 저주라면, 생각의 폐쇄성은 인간의 저주가 아닐까 싶다.

나도 다 해 봤어

익숙함에 젖어서 그것이 전부인 줄 알고 살아간다면, 그것은 창살 없는 감옥에서 사는 것과 다르지 않다. 그렇다고 어제도 오늘도 '자기 자리'를 지키는 사람까지 싸잡아 고인물로 매도하는 건 옳지 않다. 진짜 고인물은 단순히 오랫동안 한 자리를 차지할 뿐 아니라 외부에서 아무것도 받아들이지 않는 사람이다. 외부에서 유입되는 게 없으니 고립되고, 고립되니 고인물이 된다. 무엇보다 생각이 고립되면 "나

"너무 열심히 하지 마", "대충해", "내가 해 봐서 아는데"라는 말로 다른 이의 열정에 찬물을 끼얹는 사람이 진짜 고인물이다.

때는 말이야…", "그냥 하던 대로 해"라는 말이 습관적으로 튀어나온다. 그런 사람에게 창조적이거나 열정적인 사람은 눈엣가시처럼 거슬린다.

"나도 다 해 봤어."

지금까지 내가 들은 말 중에 최악으로 손꼽는 말이다. 이 말을 들었을 때 무언가 해 보려는 열정과 의욕이 삽시간에 꺾이면서 저 밑바닥으로 쿵 하고 떨어지는 것 같았다. 그때부터 "나도 다 해 봤어"라는 말은 내 삶의 금지어가 되었다. 풍부한 경험은 큰 자산이자 지혜의 밑천이다. 그렇다고 꼭 정답이 되는 건 아니다. 재평가나 재해석이 빠진 경험은 오히려 독이 된다. 아무리 좋은 경험도 업데이트되지 않으면 득이 아닌 덫이 된다.

"변화의 주기가 점점 빨라지는 세상에서 '내가 해 봐서 아는데'처럼 위험한 말도 없다."

카피라이터 유병욱이 『평소의 발견』(북하우스, 2019)에서 한 말이다. 적어도 배우고 성장하려는 열망이 있는 사람은 고인물이 아니다. "너무 열심히 하지 마", "대충해", "내가 해 봐서 아는데"라는 말로 다른 이의 열정에 찬물을 끼얹는 사람이 진짜 고인물이다.

혹시 나도 고인물?

고인물의 또 다른 특징은 자력인지 혹은 타력인지로 가늠할 수 있다. 남이 옆구리를 쿡 찌르지 않아도 스스로 뭔가를 시도한다면 자력이다. 그러나 늘 등 떠밀려 어쩔 수 없이 움직인다면 타력이다. 스스로 종을 치지 않으면 남이 종을 쳐 주는 인생이나 살아야 한다. 하나님께서 주신 한 번뿐인 소중한 인생인데, 남이 종 쳐 주기만을 바란다는 건 무책임한 일이다. 시동이 걸려 있지 않은 차를 움직일 수는 없다. 차를 움직이려면 일단 엔진에 시동이 걸려 있어야 한다. 사람도 그와 같아서 의욕이 없는 사람을 움직이기란 하늘의 별 따기처럼 어렵다. 하고자 하는 사람을 방해나 하지 않으면 다행이다. 우리는 늘 두 사람의 갈림길에 선다. 의욕에 찬물을 끼얹는 사람이 될 것인가, 아니면 가슴에 불을 붙이는 사람이 될 것인가.

화 있을진저 외식하는 서기관들과 바리새인들이여. 너희는 천국 문을 사람들 앞에서 닫고 너희도 들어가지 않고 들어가려 하는 자도 들어가지 못하게 하는도다. _마태복음 23:13

보통의 평범한 그리스도인

일상을 가꾸지 않으면

시절이 하 수상하다 보니 영화나 드라마 가릴 것 없이 각종 히어로물의 전성시대가 열린 듯하다. 우리는 보통의 현실에선 일어나지 않을 법한 일들을 히어로물에서 보면서 대리 만족을 한다. 최후의 악당만 제거하면 이 세상에 평화가 찾아올 것 같은 기분은, 현실의 퍽퍽함과 갑갑함을 잊는 데 그만이다. 유튜브와 넷플릭스가 놔 주는 모르핀 주사 한 대면 하루의 고단함도 쉽게 잊을 수 있다. 드라마나 영화뿐 아니라 유력한 사람들에 이르기까지, 온통 거대 담론과 거창한 명분을 앞세워 사람들의 마음을 훔치는 경쟁을 벌인다. 정말 거기에 탑승하면 세상에 평화가 올까? 대개 그런 환상은 거창한 명분을 앞세운 사람들의 일상이 얼마나 엉망인지 알게 될 때 사라진다. 일상을 가꾸지 않은 사람의 거대 담론과 거창한 명분은 사기에 가깝다.

특별하지 않은 보통의 성실

"나에게 의지하는 더 약한 존재가 있어서 반복되는 일상을 견딘다. 특별하지 않은 보통의 성실을 유지한다."

글 쓰는 바리스타 정인한의 『너를 만나 알게 된 것들』(사우, 2021)에 나오는 말이다. "특별하지 않은 보통의 성실을 유지한다." 곱씹을수록 고개가 끄덕여진다. 거창한 명분과 꿈이 우리를 살게 하는 것처럼 보인다. 하지만 우리는 사랑하는 누군가와 그 무엇을 위해, 오늘도 지루하고 비루한 날들을 견디며 살아간다. 이런 진리는 보통의 평범한 날들을 소중하게 생각하는 사람들에게서 포착된다. 일상을 따뜻한 시선으로 음미하는 사람들 말이다.

목회 초년병 시절, 설교나 상담을 할 때 경건한 신앙 용어를 구사해야 한다고 생각했다. 그러면 좀 더 신령한 목회자로 보일 것 같았다. 하지만 그것은 신령함이 아니라 현실

현실 감각이 떨어진 사람일수록
특수한 신앙 용어나 추상적인
거대 담론 뒤에 숨는 경향이 있다.

감각이 떨어진 데서 비롯된 현상이었다. 현실 감각이 떨어진 사람일수록 특수한 신앙 용어나 추상적인 거대 담론 뒤에 숨는 경향이 있기 때문이다. 그리스도인은 '이미'와 '아직' 사이에서 매일 균형을 잡고 사는 사람이다. 어느 한쪽으로 심하게 기울 때 신앙은 일그러지고 왜곡된다. 데살로니가 교회의 성도들도 재림에 대한 믿음을 갖는 것은 좋았다. 그러나 도가 지나치게 재림의 날을 바라보다가 보통의 평범한 날들을 소홀히 여겼다. 일상이 엉망이 되자 그들의 좋았던 믿음도 뒤틀렸다.

마음에 와닿지 않는다면

나 같은 목회자가 빠지기 쉬운 함정이 하나 있다. 내가 얼마나 유식한 설교자인지 드러내기 위한 수단으로 경건한 용어를 사용하기 쉽다는 것이다. 마음에 와닿지 않은 표현일수록 기억에서 손쉽게 증발하는 것도 모르고 말이다.

   예수님은 주변에서 흔히 접할 수 있는 것들로 하나님의 나라를 표현하셨다. 들을 귀 있는 자라면 누구나 알아들을 수 있는 일상의 언어로, 자칫 추상적일 수 있는 하나님 나라를 설명하셨다. 보통의 언어로 하나님 나라를 전하고 설명하는 일은 그리스도인이라면 누구나 해야 하는 일이다. 지나친 경건주의에 빠지려 할 때마다, 좀 있어 보이고 싶을 때마다, 내가 보통의 날을 살아가는 평범한 그리스도인이라는 걸 되새겨 본다.

그들의 모든 행위를 사람에게 보이고자 하나니 곧 그 경문 띠를 넓게 하며 옷술을 길게 하고 잔치의 윗자리와 회당의 높은 자리와 시장에서 문안 받는 것과 사람에게 랍비라 칭함을 받는 것을 좋아하느니라. _마태복음 23:5-7

05

**사명이 흔들리는
그리스도인에게**

누군가를 진심으로 위로해 본 사람은 안다.
어루만지는 일이 단순히 몸을 만지는 행위가 아니라
마음과 감정까지 쓰다듬는 일이라는 걸.

셀프 학대는 그만

하얗게 불태웠어

벌겋게 달아오른 쇠가 한번 식으면 더 차갑게 굳는 법이다. 열정이 차고 넘치는 사람을 보면 걱정될 때가 있다. 누구보다 열정적이던 사람이 한번 꺾이면, 누구보다 냉랭한 사람이 되는 경우를 많이 보았기 때문이다. 냉소는 열정 다음에 찾아온다. 이럴 때 찾아와 괴롭히는 것이 슬럼프다. 슬럼프는 정점을 찍은 후 밑바닥으로 떨어지는 일이다. 대충 적당히 하는 사람에게는 찾아오지 않는다. 슬럼프도 보는 눈이 있어서 낮과 밤으로 열심을 내는 사람에게 찾아온다.

그리스도인이 겪는 슬럼프라고 해서 별반 다르지 않다.

누구보다 열정적으로 헌신했던 사람일수록 더 깊은 침체에 빠지는 경향이 있다. 주님을 위해 '한 열심' 한다고 자부하는 사람에게도 문득 영혼의 어두운 밤이 찾아들 때가 있다. '정말 하나님이 살아 계실까?' 하는 의심이 꼬리에 꼬리를 무는 순간이기도 하다. 이럴 땐 어느 때보다 자신을 돌보며 다독여야 한다. 그런데 자신을 격려하기보다 '자정후비'(자책, 정죄, 후회, 비난)로 셀프 학대를 일삼게 되는 것이 현실이다. '이런다고 뭐가 달라지기나 하겠어? 전부 쏟아부었는데 아무것도 변한 게 없잖아.' 또는 '내가 하는 게 그렇지 뭐. 나는 밥 먹을 자격도 없어' 같은 생각으로 몇 날 며칠 동안 자신을 못살게 군다.

깊은 수렁에 빠지는 진짜 이유

더 최악인 건, 가뜩이나 힘들어 죽겠는데 욥의 세 친구 같은 사람들까지 몰려와서 괴롭힌다는 것이다. 소위 믿음이 좋다는 사람들이 내놓는 처방전은 하나같이 똑같다.

"당신이 이렇게 된 건 말씀과 기도를 등한시했기 때문이에요. 더 열심히 말씀을 읽고 기도하면 모든 문제가 해결될 거예요."

이런 말은 강도를 당해 쓰러진 사람에게 "당신이 이렇게 된 건 말씀과 기도를 등한시했기 때문이에요"라고 말하는 것과 같다. 이런 말은 왜 나를 더 아프고 힘들게 만들까? 정죄하는 듯한 다른 사람들의 충고를 듣는 것도 힘든데, 나조차 나를 비난하고 정죄하는 건 더 힘든 일이다. 내가 나를 비난하고 학대하기 시작하면 누구도 견딜 재간이 없다. 아무리 말씀과 기도가 궁극적인 처방일지라도 당장은 어루만짐이 절실한 사람도 있다. 그 과정을 건너뛴 채 무조건 말씀을 읽고 기도하라고 충고하는 것은 상처에 소금을 치는 일이다.

누구나 어루만짐이 필요하다

능력의 선지자 엘리야도 한때 깊은 슬럼프에 빠진 적이 있었다. 그는 '불의 선지자'로 불릴 정도로 누구보다 하나님을 향해 뜨겁게 달아오른 사람이었다. 그에게도 슬럼프가 찾아왔다. 이때 하나님께서 가장 먼저 하신 일은, 책망이나 호통 대신에 천사를 통해 가만히 어루만져 주시는 일이었다. 몸과 마음이 차갑게 식어 버린 엘리야에게 얼마나 큰 위로와 힘이 되었을까? 누군가를 진심으로 위로해 본 사람은 안다. 어루만지는 일이 단순히 몸을 만지는 행위가 아니라 마음과 감정까지 쓰다듬는 일이라는 걸.

나 역시 영적으로 탈진할 뻔한 적이 있었다. 하루는 새벽에 기도하는데, 하나님께서 엘리야를 어루만져 주시는 장면이 생각났다. 엘리야의 하나님이 나의 하나님이라는 믿음으로, 모으고 있던 두 손을 풀어서 나 자신을 꼭 끌어안았다. 이어서 팔과 허벅지를 쓰다듬으면서 기도를 이어 갔다. 냉기가 가득하던 몸에 조금씩 온기가 돌았다. 얼어붙은 마음도 풀리기 시작했다. 동물들도 상처를 입으면, 그곳을 혀로 핥으며 회복하는 시간을 갖는다. 우리도 영적 탈진 증세로 괴롭고 힘들 때, 두 손으로 나를 쓰다듬으며 기도하면 어떨까?

셀프 학대로는 아무것도 해결되지 않는다. 상처만 더 깊어진다. 앞으로 내게 몇 번이나 더 영적 슬럼프가 찾아올지 모르지만, 그럴 때 나를 다그치기보다 토닥이려고 한다. 하나님께서 나를 가만히 어루만져 주신다는 믿음으로….

로뎀나무 아래에 누워 자더니 천사가 그를 어루만지며 그에게 이르되 일어나서 먹으라 하는지라. _열왕기상 19:5

등짝 스매싱은 사랑이라

등짝 스매싱을 날릴 수 있는 유일한 존재

"앗 따가워!"

어릴 때 나는 고집이 유난히 셌다. 엄마의 거듭된 경고를 무시하거나 하지 말란 걸 기어코 했을 때, 내 등에는 손바닥 자국이 찍혔다. 등짝 스매싱이다! 그러고 보면 엄마의 말을 귓등으로 듣다가 큰일날 뻔한 적도 많았다. 그때마다 등에는 위험 정도에 비례해서 손바닥 자국이 벌겋게 찍혔다. 덩달아 온몸에 퍼진 충격파로 인해 불편한 전율이 일었다. 내가 잘못한 것은 생각하지 못하고 서운한 마음만 가득했다. 하지만 등에 난 손바닥 자국이 흐려질 즈음이면, 아들이 어떻게 될까 싶은 마음에 가슴을 쓸어내렸을 엄마의 모습이 떠올랐다. 등짝 스매싱은 '내가 너를 얼마나 사랑하는데, 네가 엄마에게 얼마나 소중한 아들인데'라는 사실을 일깨워 주었다.

등짝 스매싱은 아무나 함부로 날릴 수 있는 한 방이 아니다. 친구 사이라고 해서 함부로 날렸다간 우정에 금이 갈 수 있다. 등짝 스매싱은 오직 부모와 자식이라는 특수 관계에서나 묵인되고 용인되는 따가운 한 방이다. '사랑의 매'라는 이름으로 두들겨 패는 폭력이나 학대와는 결이 다르다. 손바닥으로 등을 맞으면 정신이 번쩍 든다. 하지만 맞아 본 사람은 안다. 요란한 효과음에 비해 아프지 않다는 걸.

수수방관할 수 없는 유일한 존재

한때 하나님께서 내 삶을 사사건건 간섭하고 방해하는 것처럼 느껴졌다. 그런데 그분을 향한 사랑의 높이와 깊이와 넓이가 조금씩 확장되면서 그 이유를 알게 되었다. 나를 사랑하기 때문에 그냥 내버려두실 수 없는 것이다. 자녀가 잘못된 길을 걸어가고 있을 때 혹은 위험천만한 상황에 놓였을 때, 부모는 수수방관할 수 없는 유일한 존재다. 내가 어

> 내버려두는 것, 즉 유기는
> 하나님의 심판 중에서도 최고 수준의 형벌이다.
> 하나님은 우리를 사랑하기 때문에
> 그냥 내버려두지 않으신다.

떻게 되든 상관하지 않거나 뭘 하든 그냥 내버려둔다면, 그건 특별한 사이가 아니기 때문이다. 하나님은 우리를 사랑하기에 방치하지 않으신다. 사랑하기 때문에 등짝 스매싱과 같은 징계를 내리신다. 하나님은 고대 그리스 로마의 신들처럼 재미 삼아 벌을 주거나 분풀이를 일삼는 분이 아니시다. 우리가 뭘 하든 상관하지 않고 그냥 '내버려두는 것'은 아무리 좋게 포장해도 사랑이 아니다. 두 손 두 발 다 들 때까지 갔다는 건 포기했다는 뜻이다. 내버려두는 것,

즉 유기는 하나님의 심판 중에서도 최고 수준의 형벌이다. 하나님은 우리를 사랑하기 때문에 그냥 내버려두지 않으신다. 사랑하기 때문에 간섭하고 개입하신다. 이 땅에 선지자들을 보내시고, 그것도 모자라 결국 외아들까지 보내신 것도 그 때문이다.

내게 특별한 존재

등짝 스매싱을 맞았다고 해서 기분 나빠하거나 낙담할 필요는 없다. 다윗이 맞은 등짝 스매싱을 보라. 그는 간음과 살인 교사를 숨기고 한동안 모르쇠로 일관했다. 그런 다윗의 등에 하나님은 "네가 그 사람이라"는 말씀으로 손바닥 자국을 선명히 찍어 주셨다. 등짝 스매싱을 맞은 다윗은 양심이 돌아왔고, 깊이 잠들었던 믿음이 깨어났다.

만약 다윗에게 등짝 스매싱이 없었다면 어떻게 되었을까? 오늘날 우리가 아는 다윗은 없었을지도 모른다. 하나님의 사랑은 죄를 봐 주거나 불순종을 눈감아 주는 게 아니다. 길이 참으면서도 거역과 불순종을 용인하지 않는 것이 그분의 사랑이다. 요즘은 누가 잘못을 해도 그냥 모른 척한다. 괜히 나서서 지적하면 꼰대로 보일까 봐 다들 쉬쉬하는 분위기다. 이런 세상에 엄마의 마음으로, 하나님의 사랑으로 등짝 스매싱을 날려 주는 사람이 곁에 있다는 건 고마운 일이다. 그런 사람은 복이 있다. 다른 부위는 몰라도 적어도 등짝에 날리는 스매싱은 사랑이다.

대저 여호와께서 그 사랑하시는 자를 징계하시기를 마치 아비가 그 기뻐하는 아들을 징계함같이 하시느니라. _잠언 3:12

알고 보니 진짜 탕자

넌 누굴 닮아서 그러니?

언젠가 첫째 아들을 크게 혼낸 적이 있다. 그런데 그날 밤 아내에게 예상치 못한 말을 들었다.

"첫째가 당신을 많이 닮은 것 같아요."

이 말을 듣는 순간 뜨끔했다. (하나님은 종종 아내의 입을 통해 세미한 음성을 들려주신다!) 지금은 초등학교 4학년이 된 첫째는 얼굴에서 성격에 이르기까지 나를 쏙 빼닮았다. 어느 날은 첫째 아들에게 "도대체 넌 누굴 닮아서 그러니?"라고 물었더니 명쾌한 대답이 돌아왔다.

"아빠 아들이니까 아빠를 닮았겠죠."

뜻하지 않은 대답에 말문이 막혔다. 교회 성도들도 "첫째가 목사님을 많이 닮은 것 같아요"라고 말하는 걸 보면 닮기는 많이 닮은 모양이다.

우리는 자신과 다른 모습을 볼 때 분노한다. 그에 못지않게 자신과 닮은 모습을 볼 때도 분노한다. 나처럼 해야 하는데 그렇게 하지 않으니 못마땅하고, 반대로 나처럼 하면 안 되는데 그렇게 하니 못마땅하다. 이런 이율배반적인 모습은, 아이들이 부모의 장점은 닮지 않고 단점만 닮았을 때 두드러진다. 누군가의 못마땅한 모습은, 나의 못마땅한 모습과 맞닿아 있을 때가 많다. 첫째가 계속 고집을 부리는 걸 자주 혼냈던 것도 그 때문이었다. 지금은 덜한 편이지만 나 역시 어릴 때 고집이 세기로 유명했다. 그래서 남들보다 더 많이 혼났다. 아들의 모습은 곧 나의 모습이었다. 알고 보니 내가 바로 '그런 사람'이었던 것이다.

하나님을 떠난 사람들

누가복음 15장에 보면, 둘째 아들이 허랑방탕한 생활 끝에 거지 몰골로 집에 돌아온다. 동생을 바라보는 형의 눈에는 사랑이 아닌 분노가 이글거렸다. 아버지처럼 측은하게 여기는 모습은 어디에서도 찾아볼 수 없었다. 아버지는 죽은 줄로만 알았던 둘째 아들이 살아 돌아오자 감격의 눈물을 흘리며 아들을 껴안는다. 그런 아버지의 등 뒤로 첫째 아들이 무자비한 폭언을 쏟아 낸다.

우리는 이 대목에서 주로 집을 나갔다가 돌아온 둘째 아들에게만 초점을 맞춘다. 설교 제목도 대부분 '돌아온 탕자'에서 크게 벗어나지 않는다. 본래 이 비유는 첫째 아들에게 초점을 맞추고 있다. 진짜 핵심은 잃어버린 아들을 향한 아버지의 지극한 사랑이지만 말이다. 이 비유에서 첫째 아들은 바리새인과 서기관을 가리키고, 둘째 아들은 세리와 죄인을 가리킨다. 바리새인과 서기관은 하나님을 위해 누구보다 열심을 냈다. 하지만 그 열심과 수고 때문에 결코 놓쳐선 안 되는 하나님을 놓쳐 버렸다. 몸은 하나님 가까이에 있는 것 같았지만, 마음은 먼 곳에 있었다. 첫째 아들에게 아버지는 그저 비즈니스 파트너에 지나지 않았다.

알탕 혹은 진탕

집을 나갔다가 돌아온 아들만 탕자가 아니다. 아버지와 한 집에 살고 있었지만, 함께하는 기쁨을 누리지 못했던 첫째 아들도 탕자였다. 흔히 둘째 아들을 가리켜 '돌탕'(돌아온 탕자)이라고 부른다. 그렇다면 첫째 아들은 어떻게 부르면 좋을까? '알탕'(알고 보니 탕자)이나 '진탕'(진짜 탕자)으로 불러야 하지 않을까?

오늘날 돌탕 같은 사람이 교회 밖에 있다면, 알탕과 진탕 같은 사람은 교회 안에 있다. 이 중에 누가 더 불쌍할까? 알탕 혹은 진탕이 돌탕보다 더 불쌍하다. 하나님 아버지를 멀리 떠나 있으면서도 가까이에 있다고 잘못 생각하고 있기 때문이다. 이런 착각에 빠져 있으니 아버지께 다시 돌아갈 생각을 아예 하지 못한다. 결국 알탕과 진탕은 회개에 이르지 못한다. 알고 보니 진짜 탕자였던 첫째 아들처럼 말이다. 이제는 교회 밖의 돌탕이 교회 안의 알탕과 진탕을 더 걱정하는 시대가 되었다. 그런 사실을 알탕과 진탕만 모르는 것 같아 안타깝다.

아버지가 이르되 얘 너는 항상 나와 함께 있으니 내 것이 다 네 것이로되 이 네 동생은 죽었다가 살아났으며 내가 잃었다가 얻었기로 우리가 즐거워하고 기뻐하는 것이 마땅하다 하니라. _누가복음 15:31-32

일에 삼켜지지 않으려면

일에 삼켜져 버린 순간

주님을 향한 사랑이 열심으로 이어지는 건, 물이 위에서 아래로 흐르는 것처럼 자연스러운 일이다. 그렇다면 열심이 다 주님을 향한 사랑에서 비롯되었다고 할 수 있을까? 나는 아닐 수 있다고 생각한다. 식을 줄 모르는 열정으로 주님의 일에 열심을 내는 사람들이 있다. 그들이 내뿜는 열정과 에너지는 마음속 깊은 곳까지 감동을 준다. 그들이 맺은 풍성한 열매는 주님이 함께하신다는 증거이자 성령 충만한 모습으로 비친다.

그런데 주님께 '한 열심' 한다고 자부하는 사람들 중에

냉정하고 매정한 이들이 종종 있다. 주님의 일에는 뜨겁지만 사람들에게는 한없이 차갑다고나 할까? 사역을 하다 보면, 주님은 온데간데없고 일만 남을 때가 있다. '주님을 위하여'가 '나를 위하여'로 바뀌는 순간이다. 지금 생각해 보면, 그때가 '일에 삼켜져 버린 순간'이 아니었나 싶다.

눈에 일이 가득할 때 나타나는 문제

누가복음 15장에 나오는 첫째 아들도 일에 삼켜진 사람이었다. 그는 동생이 속을 썩일 때, 지칠 줄 모르는 강철 체력으로 아버지를 위해 수고했다. 아니 충성했다. 아들이라기보다 흡사 종처럼 보일 정도였다. 첫째 아들은 일을 통해 아버지에게 사랑과 인정을 받고 싶어 했다. 그러다가 언제부턴가 아버지보다 아버지를 위한 일을 더 사랑하게 되었으리라. 일에 삼켜져 버린 것이다.

마르다도 일을 좋아하기는 마찬가지였다. 마르다 집안은 주님과의 관계가 각별했다. 성경은 주님이 마르다와 그 동생과 나사로를 사랑하신다고 기록한다(요 11:5). 이것이 그녀가 주님을 위한 식사 준비에 공을 들인 이유다. 나는 마르다가 동생 마리아에 비해 주님을 덜 사랑했다고는 눈곱

만큼도 생각하지 않는다. 다만 마르다의 마음이 일에 삼켜져 버린 것이 문제였다.

 이런 역전 현상은 알지 못하는 사이에 진행된다. 눈에 일이 가득하면 사람은 눈밖으로 밀려난다. 아무리 주님을 사랑해서 하는 일이어도 일에 삼켜지면 사람이 눈에 들어오지 않는다. 성과를 앞세우면 사람은 수단과 도구로 보인다. 사탄이 이런 우리의 본성을 모를 리 없다. 주님을 향한 뜨거운 사랑을 방해하지 못하면, 그분을 위한 일과 사랑에 빠지게 만들기 때문이다. 일에 미쳐서 피도 눈물도 없는 인간으로 만드는 것이다. 탕자의 형처럼….

견제 장치가 필요하다

우리는 주님을 위해 일하면서 그 일에 삼켜질 때가 참 많다. 눈에 띄는 성과를 내고 열매까지 풍성하면 더 빠르게 일에 삼켜진다. 자기 증명이라는 욕구가 우상이 되는 건 한순간이다. 주님보다 주님의 일을 더 사랑하면, 아무리 풍성한 성과를 내고 열매를 맺어도, 결국 그것에 먹히고 만다. 작은 녹이 점점 퍼지면 마침내 쇠붙이 전체를 삼켜 버리고 만다. 대수롭지 않게 생각했던 '조금'을 방치한 결과다.

사역도 마찬가지다. 옛날 로마에서는 원정에서 승리를 거두고 개선하는 장군이 시가행진할 때, 노예를 시켜 큰소리로 "메멘토 모리"(Memento Mori)를 외치게 했다. 메멘토 모리란 라틴어로 '죽음을 기억하라'는 뜻이다. "승리에 취해 너무 우쭐대지 말라. 너도 언젠가는 죽으니 겸손하게 행동하라"는 일종의 경고였다. 승리에 삼켜지지 않게 돕는 견제 장치인 셈이다. 자기 열심에 삼켜지지 않으려면 이러한 장치가 필요하다. 탕자의 비유에 나오는 첫째 아들처럼 살지 않으려면 말이다.

아버지께 대답하여 이르되 내가 여러 해 아버지를 섬겨 명을 어김이 없거늘 내게는 염소 새끼라도 주어 나와 내 벗으로 즐기게 하신 일이 없더니. _누가복음 15:29

잘 아는 사이, 그냥 아는 사이

특별한 존재와 평범한 존재

"그 사람, 내가 잘 알지. 그 사람이랑 나랑 친해."

이런 말을 곧이곧대로 믿으면 낭패를 보기 쉽다. 내가 잘 안다고 해서 그 사람도 나를 '잘 아는 사람'이라고 생각할까? 한두 번 마주쳤을 뿐인데 특별한 사이인 것처럼 말하는 사람이 있다. 그러나 '잘 아는 사이'라면 일방 통행일 수 없다. 한쪽만 가까워서는 잘 아는 사이가 될 수 없다. 나도 그를 알고, 그도 나를 알아야 한다. 한학자 장유승 교수가 쓴 『쓰레기 고서들의 반란』(글항아리, 2013)에 이런 말이 나온다.

"특별한 존재와 평범한 존재를 판가름하는 기준은 존재 자체의 가치가 아니라 관계다. 남에게는 평범한 존재가 내게는 특별한 존재가 될 수 있는 이유는 그 존재가 나와 맺고 있는 관계 때문이다. 평범한 존재는 나와 관계를 맺음으로써 특별해진다."

평범한 존재와 특별한 존재의 차이는 가치가 아닌 관계에 달렸다. 히브리어로 '알다'(야다)라는 말도 단순히 정보나 지식 차원의 앎을 의미하지 않는다. 부부가 서로를 경험하여 안다는 관계적 차원의 의미가 담겨 있다. 부부가 아니고는 알 수 없는 것이 있다. 이것을 '공유'하는 사이가 진짜 잘 아는 사이다. 우스갯소리지만, 귀신은 속여도 아내는 속일 수 없다는 말에 전적으로 동의한다.

문화적 그리스도인

하나님에 관한 몇 가지 정보만 가지고 "저, 하나님 잘 알아요"라고 말하는 사람들이 있다. 그러면서 모태 신앙과 기독교 가정에서 자란 배경을 내세운다. 하나님을 잘 아는 것 같지만 실제로는 잘 모르는 그리스도인, 신앙 용어를 자주 입에 올리지만 삶을 보면 신앙인이라고 할 수 없는 그리스

평범한 존재와 특별한 존재의 차이는
가치가 아닌 관계에 달렸다.

도인이 있다. 기독교 상담가 게리 채프먼은 이런 사람들을 '문화적 그리스도인'이라고 불렀다.

교회에서만 통용되는 언어를 쓰고 기독교적 분위기를 풍긴다고 해서, 이를 거듭남의 표지로 단정지으면 곤란하다. 유창하게 기도한다고 해서 '신앙 좋은 사람'이라고 단정지으면 안 되는 것과 같다. 바리새인도 유창하게 기도했지만, 주님께 믿음을 인정받기는커녕 되레 호된 책망만 들었다. 주님은 그들의 마음속에 있는 특권 의식과 교만함을 보셨기 때문이다. "주여, 주여" 하며 선지자 노릇까지 했더라도 주님이 모른다고 하실 이들이 많다.

정말 아는 사이

훗날 "주여" 하며 주님 앞에 갔을 때, 주님이 곧바로 "그래, 명신이 왔구나"라고 말씀하신다면 서로가 '잘 아는 사이'였음이 드러날 것이다. 하지만 "내가 너를 도무지 모른다"라고 말씀하신다면 아무 사이도 아니었음이 드러날 것이다. 날마다 주님과 따뜻한 아랫목에서 한 이불 덮듯이 동행하며, 그분의 은혜와 그분을 아는 지식에서 자라가는 사람들만 느끼는 기쁨이 있다. 이것을 찬송가 〈저 장미꽃 위에 이슬〉

의 후렴에서는 이렇게 표현한다.

"주님 나와 동행을 하면서 나를 친구 삼으셨네. 우리 서로 받은 그 기쁨은 알 사람이 없도다."

주님과 우리 사이에 서로 받은 기쁨은 알 사람이 없다. 그분과 동행하면서 친밀한 관계를 맺은 사람만 그 기쁨을 안다. 그 맛을 안다. 주님이 나를 아시는 것처럼 나도 주님을 알아 가고 싶다.

오직 우리 주 곧 구주 예수 그리스도의 은혜와 그를 아는 지식에서 자라가라. 영광이 이제와 영원한 날까지 그에게 있을지어다. _베드로후서 3:18

복기하기에 좋은 날

형통한 날과 곤고한 날

믿음으로 살면 내일이 좀 더 선명하고 또렷하게 보일까? 믿음과 상관없이 내일은 누구에게나 감춰져 있다. 예수님을 믿으면 만사형통할 것이라고 생각하는 사람이 간혹 있다. 나도 처음에는 그렇게 생각했다. 순진하게도 말이다. 살면서 꽃길만 걸을 순 없다. 그건 그리스도인들도 마찬가지다.

"삶은 우발적 마주침이고 악보 없이 연주되는 변주곡이다."

지식생태학자 유영만 교수의 말이다. 우리는 이 점을 염두에 두어야 한다. 그렇지 않으면 고난과 어려움이 닥쳤을 때 하나님께 원망과 불평을 쏟아 놓기 쉽다. 하나님을 잘 믿고 섬긴다고 해서 형통한 날만 오는 건 아니다. 그에 못지않게 곤고한 날도 온다. 형통한 날이라는 씨줄과 곤고한 날이라는 날줄이 서로 엇갈리면서 만들어 내는 작품이 인생이다. 형통한 날만 계속되면 좋을 것 같지만 그렇지도 않다. 삶이 촘촘하지 못하고 헐거워지기 때문이다. 곤고한 날만 계속되어도 문제다. 숨을 못 쉴 정도로 삶이 빡빡해지기 때문이다.

형통한 날에는 기뻐하라

하나님의 자녀라고 해서 곤고한 날이 친절하게 찾아오지 않는다. 살살 봐 주는 법도 없다. 우리의 본성은 형통한 날을 선호한다. 그러나 한 인간이 더 깊어지고 성숙해지는 건 형통한 날보다는 곤고한 날을 통해서다. 가끔 이런 생각을 한다.

'하나님을 떠나서도 잘 먹고 잘사는 사람이 있다면, 과연 그를 성공했다고 말할 수 있을까?'

세상의 가치관으로 보면 부러운 사람인 건 분명하다. 그러나 성경의 가치관(하나님의 눈)으로 보면 불쌍하고 안타까운 사람이다. 성공에 취하면 하나님께로 돌아갈 생각을 못하기 때문이다. 형통한 날이 찾아왔다면, 형통함을 주신 하나님께 감사하고 그날을 기쁘게 누리자. 형통한 날에 기뻐하는 것도 믿음이다. 그것까지 죄악시할 필요는 없다.

곤고한 날에는 복기하라

하지만 삶에 곤고한 날이 찾아왔다면, 그 일을 계기로 자신을 복기(復棋)해 보자. 복기는 바둑 용어로서 대국을 마친 후 자신이 둔 바둑의 형세를 되짚어 처음부터 다시 그 순서대로 바둑돌을 벌여 놓는 것이다.

"승리한 대국의 복기는 이기는 습관을 만들어 주고, 패배한 대국의 복기는 이기는 준비를 만들어 준다."

조훈현 9단이 한 말이다. 곤고한 날이 찾아왔다면, 속이 쓰리고 마음이 아플지라도 복기에 힘써야 한다. 형통한 날에는 자신을 객관적으로 돌아보기가 쉽지 않다. 그러나 곤고한 날에는 마음이 가난하기에 자신을 좀 더 객관적으로 뒤돌아볼 수 있다. 그래서 하나님께서도 형통한 날이 아닌 곤고한 날에 되돌아보라고, 즉 복기하라고 말씀하신다. 곤고한 날은 하나님과의 관계를 다시 조율하기에 좋은 날이다. 나를 들여다보기에 알맞은 날이다. 무언가를 줍기에 안성맞춤인 날이다. 복기해야 복구할 수 있다.

"넘어졌다면 무언가를 주워라."

미국 생물학자이자 의학자인 오스왈드 시어도어 에이버리가 한 말이다.

형통한 날에는 기뻐하고 곤고한 날에는 되돌아보아라. 이 두 가지를 하나님이 병행하게 하사 사람이 그의 장래 일을 능히 헤아려 알지 못하게 하셨느니라.
_전도서 7:14

닦고 조이고 기름 치자

귀찮고 짜증나는 일

남자들은 군대에 가면, 게임이나 영화에서 본 것처럼 매일 총을 쏜다고 생각한다. 영화 주인공처럼 한 손으로 총 쏘는 것을 상상하는 남자들도 있다(그런 일은 그야말로 영화에서나 가능하다). 주특기가 소총수가 아닌 이상, 군대에서 총으로 사격하는 일은 그리 많지 않다. 그럼에도 총기 손질은 수시로 한다. 특별한 일이 없는 한, 대개 군인들은 점호 전까지 총기를 손질한다. 예전에는 이것을 군대 용어로 '총기 수입'이라 불렀다.

군대에서는 시지프스가 돌을 굴리듯 엊그제도 총기 손

질, 어제도 총기 손질, 오늘도 총기 손질이 무한 반복된다. 딱히 더러운 구석이 없는데도, 매번 총기를 분해해서 닦고 조이고 기름을 쳐야 한다. 훈련이나 고단한 일과를 마친 후에는 만사가 귀찮다. 빨리 씻고 취침 준비를 하고 싶을 뿐이다. 군인들의 이런 마음을 아는지 모르는지 내무반에 어김없이 울려 퍼지는 방송이 있다.

"오늘은(도) 총기 점호를 실시할 예정이오니, 현 시간부로 모두 총기를 수입하시기 바랍니다."

하루 이틀도 아니고 매번 총기를 분해해서 손질하고 검사받는 건 귀찮고 짜증나는 일이다. 그런데도 거의 매일 총기를 손질하는 이유가 있다. 언제 터질지 모르는 전쟁 때문이다. 전쟁은 예고 없이 발발하기 때문에 총을 항상 최상의 상태로 유지해야 한다. 전쟁이 난 후에 부랴부랴 총기를 손질하면 늦다. 그래서 총은 군대에서 목숨으로 통한다.

하나님 나라에는 군 면제가 없다

예수 그리스도를 주로 믿으면, 본인의 의사와는 무관하게 그 즉시 '영적 전쟁'에 참전하게 된다. 그동안 우리는 사탄의 수하에서 종노릇하며 살았다. 그러나 지금은 하나님의 자녀가 되었다. 이것은 예수님을 믿고 신분과 소속이 바뀌었을 뿐 아니라 사탄과는 원수가 되었다는 뜻이다. 이런 우리를 사탄이 가만둘 리 없다. 호시탐탐 유혹을 걸어오는 것도 바로 이런 이유에서다.

우리나라에선 신체 건강한 남자만 국방의 의무를 다할 수 있지만, 하나님 나라에선 누구나 예외 없이 영적 전쟁에 뛰어들어 국방의 의무를 다해야 한다. 이 세상에선 군 면제를 특권인 양 생각하는 경향이 있지만, 하나님 나라에서 군 면제란 아예 없다.

기도의 골방은 대장간이다

하나님은 우리에게 맨몸으로 영적 전쟁터에 나가서 싸우라고 하지 않으신다. 총 한 자루 쥐어 주고는 죽을 게 뻔한 전장으로 내모는 분이 아니다. 하나님은 우리가 영적 전쟁에서 승리할 수 있도록 모든 무기, 즉 전신갑주를 주셨다. 특정한 사람에게만 주신 것도 아니요, 잠시 한정판으로 주신 것도 아니다. 전신갑주는 하나님의 자녀라면 누구나 지급받는 무기다.

성령 안에서 깨어 기도하는 것은, 무기로 지급받은 전신갑주를 닦고 조이고 기름 칠하는 것과 같다. 그래야 영적 전쟁이 터졌을 때, 유혹이 갑자기 훅 찾아왔을 때, 평소 최상의 상태로 준비해 놓은 전신갑주를 갖추고 싸울 수 있다. 아무리 최고의 성능을 자랑하는 무기라도 평소에 닦고 조이고 기름칠을 해 놓지 않으면 말짱 헛것이다. 우리가 지금 가지고 있는 전신갑주도 매일 기도로 잘 손질해 놓지 않으면 막상 필요할 때 제대로 사용하지 못할 수 있다. 녹슬거나 날이 무딘 무기로 어떻게 적을 제압하겠는가. 이런 까닭에 기도의 골방은 영적 무기를 벼리는 대장간과 같다.

모든 기도와 간구를 하되 항상 성령 안에서 기도하고 이를 위하여 깨어 구하기를 항상 힘쓰며 여러 성도를 위하여 구하라. _에베소서 6:18